民族传统体育系列教材

冰蹴球运动

郭锐　主编

北京体育大学出版社

策划编辑：曾　莉
责任编辑：曾　莉
责任校对：吴海燕
版式设计：张程凯

图书在版编目（CIP）数据

冰蹴球运动 / 郭锐主编. —— 北京：北京体育大学
出版社，2024.1
民族传统体育系列教材
ISBN 978-7-5644-3419-9

I. ①冰… II. ①郭… III. ①冰球运动—传统体育项
目—中国—教材　IV. ①G862.3

中国版本图书馆CIP数据核字（2023）第107400号

冰蹴球运动
BINGCUQIU YUNDONG

郭锐　主编

出版发行：北京体育大学出版社
地　　址：北京市海淀区农大南路1号院2号楼2层办公B-212
邮　　编：100084
网　　址：http://cbs.bsu.edu.cn
发 行 部：010-62989320
邮 购 部：北京体育大学出版社读者服务部010-62989432
印　　刷：北京昌联印刷有限公司
开　　本：880mm×1230mm　　1/32
成品尺寸：145mm×210mm
印　　张：5.5
字　　数：162千字
版　　次：2024年1月第1版
印　　次：2024年1月第1次印刷
定　　价：62.00元

民族传统体育系列教材编委会

主　任：池　建　牛　颂

副主任：王　蕾　王　薇

主　编：王　蕾　薛　宇

《冰蹴球运动》编委会

主　　编：郭　锐

副 主 编：王　程　张丽丽　常建忠

编　　委：（以姓氏笔画为序）

　　　　　丁卯卯　王玉明　石　悦　龙湘微

　　　　　邱天阳　李　帅　陈俊茂　周红旗

　　　　　杨　威　喜　悦

动作示范：龙湘微　陈俊茂

前言

　　民族传统体育是中华民族在长期的社会实践中创造、积累和发展起来的，以健身、防身、娱乐为主要目的，具有竞赛性、传承性、集会性、节庆性、游艺性、风俗性、表演性等特点。民族传统体育具有深厚的历史文化底蕴，充分体现了中华民族自身的特征、内涵和价值取向，是东方文化的典型代表。

　　当今，我国社会、经济和科技迅速发展，民族传统体育通过各种赛事和活动得到进一步推广和发展，许多项目纳入了高校、中小学的体育教育课程。民族传统体育的发展更应顺应当代竞技体育现代化、科学化的教学与训练要求，形成一套比较完善的教学、训练、竞赛和普及推广的机制。

　　为此，北京市民族传统体育协会、北京体育大学组织专家学者对部分民族传统体育项目进行挖掘整理，经过多年的潜心研究，编写出民族传统体育系列教材，旨在传承我们的民族传统体育与文化。

　　由于编者水平有限，书中不妥之处恳请读者批评、指正。

北京市民族传统体育协会

北京体育大学

目录

第一章

冰蹴球运动概述

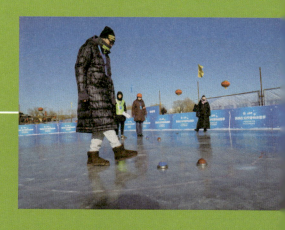

冰蹴球，也称"踢冰核儿""冰墩球"，距今已有 300 余年的历史，它是从我国古老的民间传统体育项目踢石球发展而来的，多流行于满族、蒙古族、回族等民族中。

冰蹴球比赛是在一块 10 米 × 10 米的方形（或 12 米 × 2 米的条形）平整冰面（仿冰面）上，由双方运动员按照相应的竞赛规则，用脚掌蹴球，使球向前移动并离开脚，依据其撞击对方或本方球的情况或依据双方球占位情况来计算得分，以任一方先达到或超过规定分数（或规定时间内双方得分高低）而判定胜负的冰上运动项目。

冰蹴球运动经过北京市民族传统体育协会、北京市西城区体育局，以及北京体育大学的挖掘、整理和不断完善，现已形成了比较完整的竞赛规则，进入了推广普及阶段。

冰蹴球运动技术简单、规则简化，又因其富于变化、极具情趣而深受群众喜爱。它所需的场地面积小，易于开展，虽使用器材简单，但比赛形式多样，且老少皆宜，是全民健身运动中的一个理想项目，更是冬季运动中的一个具有中国特色的冰上民族传统体育项目。（图 1-1、图 1-2）

图 1-1　冰蹴球（方形场地）比赛

图 1-2　冰蹴球（条形场地）比赛

第一节 冰蹴球运动的起源和发展

据考证，冰蹴球运动起源于我国一项古老的民间体育活动——踢石球，它有着悠久的历史。经过几百年的传承与演变，冰蹴球运动又焕发出了新的光彩。

一、历史渊源

（一）石球阶段

在人类的发展进程中，石球是十分重要的生产生活工具。单从出土原始社会石球的重量可以判断，当时石球是成年人的一种狩猎用具。自从人类发明了弓箭以后，石球的武器功能便逐渐消失，于是石球逐步变成一种人们手中或脚下的玩物，用以互相抛玩、踢弄、嬉戏。这一论断，在陕西省西安半坡遗址一个女孩的墓葬中得到了印证。墓葬中的小女孩只有三四岁，距今大约有七千年的历史。女童的脚下放置了 3 个小石球，这引起了相关学者的普遍关注。这 3 个石球打制精细，形体浑圆。据专家推测，在当时这些石球已经不仅是狩猎的工具和保卫自身安全的武器，而且很有可能已经成为一种游戏的工具，因为三四岁的女孩是不太可能会用石球去击打野兽的。

关于石球是由武器变为游戏工具的论断，国外研究者也有类似的观点。张丽丽主编的《蹴球运动》一书曾引用日本学者笹岛恒辅的记录：在河北新城县（今高碑店市）石家镇遗址等地出土的几种磨制石球，直径2厘米至15厘米，出土时放在孩子脚前。从球的形状和脚的关系来看，球是用脚来踢的，石球这时已成为孩子的一种游戏。（图1-3）

图1-3　石球

盛琦等在《中国体育风俗》一书中，曾就石球的功能演变作过精辟的论述，他也从"一个小女孩的随葬品"的角度谈道："显然，石球已不仅是狩猎工具和保卫自身安全的武器，也是人们（尤其是孩子）游戏的玩具。"他从四个方面就石球之所以能够最先成为游戏玩具的主要原因进行了全面论述。

王其慧等编著的《中外体育史》，也对石球作为一种娱乐工具提出了自己的观点：在弓箭发明并得到普遍应用之后，石球在母系氏族公社的全盛时期开始成为一种游戏工具。

国家体委体育文史工作委员会和中国体育史学会编著的《中国古代体育史》更是明确指出："在原始社会后期，石球向游戏演化，有人认为当时可能已出现了用脚踢的，以两球相碰为胜的石球游戏，有一定的参考价值。石球由生产工具演化为游戏用具是体育萌芽的一个有力的例证。"

（二）踢石球阶段

踢石球作为一项古老的民间游戏，金、元以后不仅流行于黄河流域，而且也盛行于北京民间。从史料记载来看，它具有较强的地域性和季节性，是中国北方很好的冬季户外运动。

清朝朱筠等所著的《日下旧闻考》记载："踢球一事，自金元以来即有之，不自今日始矣。"（图1-4）

图1-4　《日下旧闻考》

明朝刘侗、于奕正所著的《帝京景物略》中也记载："是月（即农历十二月），小儿及贱闲人，以二石球置前，先一人踢一令远；一个随踢其一，再踢而及之，而中之为胜。一踢即著焉，即过焉，与再踢不及者，同为负也。再踢而过焉，则让先一人随踢之。"（图1-5）

图1-5 《帝京景物略》

清朝富察敦崇所著的《燕京岁时记》更对石球的制作，踢石球的季节、玩法，以及作用等进行了详细的描述："踢球，十月之后，寒贱之子，琢石为球，以足蹴之，前后交击为胜。盖京师多寒，足指疲冻；儿童踢弄之，足以活血御寒，亦蹴鞠之类也。"

清代小说《红楼梦》第二十八回也对蹴球游戏有过描述："可巧门上小厮在甬路底下踢球。"（图1-6）

图1-6　《红楼梦》

清末《北京民间风俗百图》收录了一幅《踢石球》的图画，里面详细记载了踢球之法："二人以石球二个为赌，用些碎砖瓦块铺地，用一球先摆一处，二球离七八尺远，每人踢两次，踢中为赢，不中便输。"（图1-7、图1-8）

图1-7　《北京民间风俗百图》

图 1-8　踢石球

　　随着踢石球运动在社会上的普及，石球的材质也发生了一些变化，土球、铁球、瓦球，甚至胡桃都可以作为游戏的工具，大大满足了游戏的需求。清代崔灏的《通俗编》卷三十一记载："今小儿抟土为丸，置其一以为标，足蹴他丸击之，或用瓦球，或用胡桃，率以击中为胜。"

　　清康熙年间的李声振在《百戏竹枝词》中诗云："踢鞠场中浪荡争，一时捷足趁坚冰。铁球多似皮球踢，何不金丸逐九陵。"诗句描绘的是 300 多年前古人在冰面上踢铁球的火热场面。这说明清代的踢石球有了进一步发展：一是场地的变化，既可在陆地上，又可在冰上；二是球的变化，由石球变为了铁球。

（三）蹴球阶段

1999年，踢石球被国家体育总局和国家民族事务委员会正式定名为蹴球，其名取甲骨文中蹴球字形的"用脚踏球而行"之意。另外，据北京教育学院朝阳分院著名的特级体育教师关槐秀老师回忆："蹴球"名称的来源，也借鉴了古代"蹴鞠"的名字，但是由于脚上功夫不一样，蹴鞠是用脚弓、脚背、脚外侧等部位踢球，而踢石球是专门用脚搓的，力量不一样，技术也不一样。另外，"鞠"从革，与"石球"的材质完全不同，而"球"从玉，与"石"质地相似，"蹴球"一词也因此而确定。

踢石球更名为蹴球后，北京市民族传统体育协会和北京体育大学对其进行了挖掘、整理和完善，现已制定了比较完整的规则，使其进入了推广普及阶段。蹴球运动因其举止文雅、富于变化、极具情趣而深受群众喜爱。（图1-9）

图1-9 现代蹴球运动

（四）冰蹴球阶段

有资料显示，真正在冰面上踢石球，这项运动起源于清代，据说与皇家有关。

民国时期，到了冬季，儿童们喜欢在冰面上玩儿"踢盖火""踢冰核儿""冰墩球"的游戏。直到20世纪80年代，北京顺义区和怀柔区的喇叭沟门满族乡等地还流行着此类活动。（图1-10）

图1-10 盖火

2014年，为了助力北京、河北申办冬奥会，北京市民族传统体育协会、北京市西城区体育局和北京体育大学共同挖掘、整理"踢冰核儿"运动的资料，又在吸收蹴球运动技术特点、参考蹴球运动竞赛规则的基础上，结合冰上运动项目的特殊性，通过不断总结和实践，把在冰面上进行的踢石球、踢冰核儿活动正式定名为冰蹴球运动。此运动于2015年1月在"首届北京什刹海冰雪体育文化节"上隆重亮相。后经北京市民族宗教事务委员会和北京市体育局批准，冰蹴球（条形场地）运动于2018年成为北京市第十届民族传统体育运动会竞赛项目，成为最受欢迎的冰上民族传统体育项目之一。经北京市体育局批准，冰蹴球（条形场地）和冰蹴球（4球方形场地）于2019年成为首届北京市冬季运动会比赛项目。（图1-11至图1-14）

图 1-11　2015 年首届北京什刹海冰雪体育文化节冰蹴球比赛

图 1-12　2018 年北京市第十届民族传统体育运动会冰蹴球比赛

图 1-13　2019 年北京冬季运动会冰蹴球（4 球方形场地）比赛

图 1-14　2019 年北京市第一届冬季运动会冰蹴球（条形场地）比赛

二、传承与发展

（一）赵书先生的冰雪情结

北京市民族事务委员会原副主任、北京市宗教事务局原副局长、中国民间文艺家协会主席团顾问、北京市文史研究馆馆员、西城区政府顾问赵书先生是一位民俗专家，工作之余有意识地搜集民间故事、歌谣、谚语和民俗等方面的素材，先后整理出《女真定水》《灵观塔与富二爷》《秃子王爷府》等民族、民间故事。他主持挖掘整理民族传统体育项目，先后推出了珍珠球和蹴球等民族传统体育项目。这些项目被列为全国少数民族传统体育运动会正式比赛项目。

据赵书先生回忆，20世纪50年代他在西城大石桥小学上学时，学校每年冬季都在什刹海组织冰上运动。当时班里的同学绝大部分是什刹海周边北京居民的孩子。一到冬天，什刹海的冰面就成了同学们的主要游戏场所。那时大家在冰上的运动，主要是"踢冰核儿"。儿时的冰上运动，不仅增进了同学之间结下的深厚友谊，而且也成为他记忆深处的一道风景，让他始终难以忘怀。

赵书先生作为一名老党员，退休后仍然坚持学习党的最新理论成果，特别是在《习近平总书记系列重要讲话读本》中关于传统文化的论述："对传统文化进行创造性转化、创新性发展。弘扬中华优秀传统文化，要处理好继承和创造性发展的关系，重点做好创造性转化和创新性发展。"这让赵书先生陷入了深深的思考：传统的冰上游戏"踢冰核儿"能不能焕发出新时代的光彩呢？

2014年7月，北京正式成为2022年冬季奥林匹克运动会候选城市，这个消息让赵书先生为之振奋。依据国际奥委会规定，冬奥会举办国有权推出一项本国的体育项目。赵书先生立刻组织有关单位，召开会议进行研究，希望能迅速开展挖掘整理传统冰上游戏"踢冰核儿"的工作，争取让"踢冰核儿"运动成为 2022 北京冬奥会由中国推出的本国体育项目，进而宣传、推广中国优秀的民族传统体育文化。

2014 年 8 月，赵书先生以北京市西城区政府顾问的名义向西城区政府申请，提出在西城区什刹海地区恢复冰蹴球运动。该建议得到时任西城区委书记王宁、西城区政府主管体育工作的副区长陈宁的重视，指示西城区体育局研究落实。9 月，时任西城区体育局党组书记、局长包川与副局长王程共同拜访赵书先生，就恢复冰蹴球项目、助力冬奥申办达成共识。

（二）确立冰蹴球推广指导思想与实施步骤

在赵书先生的倡议下，2014 年 10 月 22 日在北京体育大学召开了首届冰蹴球研讨会。会上，赵书先生以"踢冰核儿"活动为原型，结合蹴球运动的历史渊源和项目特点，提出了冰蹴球的概念，并就冰蹴球运动入奥提出"统一三个思想，实施八个步骤"的理念。统一三个思想：一是冰蹴球运动是现代民族体育项目；二是推动冰蹴球运动进入北京冬奥会；三是推广冰蹴球运动既是一项事业又是一项产业，具有多重价值。实施八个步骤：一是研究冰蹴球运动的器材、场地，制定行业标准；二是开展项目试验，在国内多渠道进行宣传、申报立项；三是出版冰蹴球运动教材或专业指导丛书；四是成立专业指导协会；五是举办全国邀请赛；六是举办国际邀请赛，把冰蹴球运动推向国际市场；七是多渠道向全世界宣传推广冰蹴球运动；八是力争在 2022 年北京、河北成功申奥后，以此为契机，推动冰蹴球运动入奥。

（三）冰蹴球运动的探索与实践

首届冰蹴球研讨会结束后，在赵书先生提出的"统一三个思想，实施八个步骤"的理念指导下，北京市民族传统体育协会和北京体育大学按照工作分工，有序开展冰蹴球项目的研究与推广。由于传统的冰上游戏"踢冰核儿"历史上主要出现在北京什刹海地区，所以赵书先生又委托西城区体育局以什刹海地区为依托，深挖"踢冰核儿"游戏当年的历史原貌，结合冰上运动特点，提出冰蹴球项目方案。

1. 首届北京什刹海冰雪体育文化节

2015 年 1 月 20 日，"首届北京什刹海冰雪体育文化节"在北京市西城区什刹海冰场举办。本次活动以西城区体育局研发的冰蹴球（方形场地）为试点方案，进行了首届冰蹴球比赛，取得了圆满成功。国内外 60 余家主流媒体争相宣传报道，不仅助力北京、河北申办 2022 年冬奥会，而且首次将冰蹴球运动展示在大众面前。北京市西城区体育局也在不断总结和完善竞赛规则、不断研发器材的基础上，形成了冰蹴球（4 球方形场地）的一套规范、完整的竞赛体系。

2. 首届冰蹴球论坛

2015 年 1 月 20 日下午，由北京市西城区体育局和北京市民族传统体育协会共同主办、北京市什刹海体育运动学校协办的"首届冰蹴球论坛"隆重召开。会上，与会代表深入探讨了冰蹴球运动起源与发展、冰蹴球运动竞赛规则、冰蹴球运动场地器材研发进展、冰蹴球运动专业化发展趋势、冰蹴球运动现阶段需要解决的问题，以及冬奥会项目申报条件和申报程序等内容，为冰蹴球运动朝着科学化、规范化方向发展提供了理论依据，为推动冰蹴球运动入奥构建了理论基础。

3. 北京市西城区体育局的试点工作

为了更好地推动冰蹴球运动的普及宣传，西城区成立了冰蹴球协会。在西城区体育局的指导下，该协会在继承传统的基础上，将冰蹴球运动场地器材、竞赛规则、赛事组织等不断完善，形成了老少皆宜、四季相连、冰陆转换的冰蹴球（4球方形场地）活动体系，研发了可在陆地使用的冰蹴球及仿真冰场地（4球方形场地），完善了竞赛规则，控制了比赛时间，并提升了比赛的观赏性和趣味性。

从 2015 年开始，北京市西城区体育局坚持每年举办一次"北京什刹海冰雪体育文化节"（后改为"西城区全民健身冰雪季"）。该活动将冰蹴球（4球方形场地）作为主要竞赛项目进行宣传推广，供冰雪爱好者参与体验，受到了社会各界的广泛关注与一致肯定。文化节中的京津冀冰蹴球邀请赛，受到了河北张家口市、涿州市和天津市蓟州区等地的欢迎和支持。

为了在校园中开展冰蹴球的普及培训，从 2016 年开始，西城区体育局与西城区教育委员会共同组织举办西城区青少年冰蹴球邀请赛，先后吸引了来自朝阳、怀柔、大兴、门头沟等区的学校参与。

2017 年冰蹴球（4 球方形场地）被列入北京市西城区非物质文化遗产名录。

2018 年，西城区体育局与河北省涿州市教体局联手推广冰蹴球（4 球方形场地），受到了大众的广泛喜爱。双方共同主办了在涿州市举办的京津冀冰蹴球挑战赛。冰蹴球（4 球方形场地）比赛被列入涿州市冬季运动会比赛项目。

在宣传推广方面，西城区体育局积极利用阳光体育大会、冬博会、奥博会及各类媒体平台进行传播，注意挖掘冰蹴球运动的传统体育文化内涵，例如，在器材、规则方面充分融入中国传统优秀文化元素，特别是冰蹴球的正式用球经过了前后五代的发展变化，使其更具有中国传统文化的鲜明特征。2019 年，经北京市体育局批准，冰蹴球（4 球方形场地）成为北京市首届冬季运动会的竞赛项目。

4. 北京市民族传统体育协会的试点工作

作为冰蹴球三家试点单位之一，北京市民族传统体育协会在"首届冰蹴球论坛"上提出了冰蹴球（条形场地）的推广方案。这套方案与"首届北京什刹海冰雪体育文化节"中北京市西城区试点的冰蹴球（4 球方形场地）方案完全不同，以一种全新的竞赛场地、器材和规则展现在世人面前。从 2015 年开始，北京市民族传统体育协会利用自身平台优势，在全市范围内广泛开展冰蹴球（条形场地）的培训、竞赛与推广工作。在新冠疫情发生之前，北京市民族传统体育协会还带领冰蹴球（条形场地）运动走出国门，走向世界。新冠疫情发生以来，北京市民族传统体育协会积极创新培训形式，以在线的方式开展了"全国社会体育指导员志愿服务'冰雪运动进校园'活动"，积极宣传推广冰蹴球（条形场地）运动。

2018年，经北京市体育局和北京市民族宗教事务委员会批准，冰蹴球（条形场地）成为北京市第十届民族传统体育运动会竞赛项目。2019年，经北京市体育局批准，冰蹴球（条形场地）成为北京市首届冬季运动会（四年一届）竞赛项目。2019年9月，在河南省郑州市举办的中华人民共和国第十一届少数民族传统体育运动会表演项目的赛场上，冰蹴球（条形场地）隆重登场，受到社会各界的广泛关注与一致肯定。

5. 北京体育大学（北京市民族传统体育项目训练基地）的试点工作

作为冰蹴球运动三家试点单位之一的北京体育大学承担了制定冰蹴球竞赛规则、编写教材、科学研究、民族体育人才培养等方面的工作。在制定竞赛规则方面，北京体育大学冰蹴球团队在赵书先生的指导下，制定了冰蹴球（条形场地）、冰蹴球（4球方形场地）及冰蹴球（6球方形场地）的竞赛规则。但由于推广平台的局限性，目前冰蹴球（6球方形场地）的竞赛方案暂时仅在校园内作为选修课的一部分向学生介绍，尚未进入北京市各级各类竞赛体系中。

第二节　冰蹴球运动的特点与价值

一、冰蹴球运动的特点

（一）项群理论视域下的冰蹴球

冰蹴球是一项冰上运动项目，在基本技术方面与蹴球有许多相似之处。按照项群理论的视角分析，冰蹴球与蹴球同属于技能主导类、表现准确性的运动项目，具有单一动作结构特征。

1. 冰蹴球运动强调参与者自身技能的重要性

在冰蹴球运动中，选手无论是轻轻一蹴还是用力蹴出，主要依靠下肢来控制角度和力量。因此，冰蹴球运动属于技能主导类而非体能主导类的运动项目。当然，突出强调技能并非说体能不重要，对运动员来说，从事任何运动项目都需要有良好的基础体能，只有具备了基础体能，才能在赛场上更好地发挥运动技能。

2. 冰蹴球运动突出表现准确性

在冰蹴球（方形场地）的竞赛规则中，以蹴出去的球与场内其他球发生撞击计算得分，蹴出去的球撞击场内其他球，会出现多种不同形式的位置变化，蹴出去的球是否出界、被撞的球是否出界等，都会产生不同的得分，最后以得分高低来判定胜负。在冰蹴球（条形场地）的竞赛规则中，则以蹴出去的球静止后所在区域对应的比分来计算得失分，最后以总分高低来判定胜负。

以上两种不同规则体系下的冰蹴球，都突出表现了该项目准确性的特点，就像篮球运动，以投篮入筐的方式赢取比分；或像台球运动，通过白色母球撞击其他球入袋而得分；抑或像冰壶运动，通过战术推送使冰壶静止后能够占领有利位置，进而赢得比分，获得胜利。

3. 冰蹴球运动对参与者的心智能力提出更高要求

两种竞赛规则体系下的冰蹴球运动，在"对抗"中是不发生肢体接触的，比赛中既要看运动员在蹴球时对下肢的力量控制和角度把握，又要看击球后各球之间因力学作用而发生的位置变化和得分变化，最重要的还是看选手的心智能力。具备良好心智能力的运动员，无论是在技术运用还是在战术选择方面，都会运用得收放自如、恰到好处。

4. 冰蹴球运动对参与者的战术安排提出更高要求

在冰蹴球运动中，运动员通过球的撞击或位置的变化来赢得比分，取得胜利。参赛运动员如果想取胜，就要熟悉并合理运用竞赛规则，巧妙安排战术布局，动态变换攻守状态，以达到自己多得分、对手少得分或者不得分的目的，进而获得比赛的最终胜利。

（二）冰陆两栖视域下的冰蹴球

在北京市民族传统体育协会、北京市西城区体育局和北京体育大学三家单位的共同努力下，冰蹴球运动实现了既可以在冰面上进行，也可以在陆地上开展的愿望，从技术上彻底解决了"受地域和季节限制"的问题，创造了一个运动在冰面和陆地两栖开展的可能性。

1. 冰面上的冰蹴球

在室外真冰上开展冰蹴球运动，因冰面摩擦系数小和冰蹴球底面材质的影响，冰蹴球运行速度快。但是受水分子结构和结冰时的天气影响，一般湖面结冰后其表面并非完全平整，而是会有形状、大小不一的凹陷或者凸起，导致冰蹴球在冰面上滑行时，受场地因素影响较大，其运行轨迹不易把握，轻轻一蹴就跑出很远，而且会出现各种匪夷所思的运行轨迹。而室内"浇冰"产生的冰面，较室外结冰的湖面更平整，对冰蹴球滑行时产生的阻力更小，此时冰蹴球的摩擦系数更小、运行速度更快。缺点是在室内同一块冰面上反复摩擦，会产生冰碴，需要及时不断地清理。

2. 陆地上的冰蹴球

陆地上开展冰蹴球运动，其"冰面"由化学物质高分子聚氯乙烯制成，被称为仿冰面。仿冰面在硬度上与真冰接近，但受其本身分子结构的限制，仿冰面的摩擦系数较真冰更大一些，因而冰蹴球在仿冰面上的运行速度较真冰面稍慢一点，运行方向也更容易控制。而且受其材质的影响，仿冰面的表面在经过加工后会更平整，较少出现凹凸不平的地方。

（三）现行竞赛体制下的冰蹴球

1. 参与人群广泛，男女老少皆宜

从 2015 年北京市西城区举办的第一届北京什刹海冰雪体育文化

节、2018年北京市民族传统体育运动会冰蹴球比赛、2019年北京市第一届冬季运动会冰蹴球比赛、2019年冰蹴球参加第十一届全国少数民族传统体育运动会表演项目的比赛，到2021年冰蹴球运动进校园活动，冰蹴球运动在竞赛规程的分组和设项方面，始终面向各个年龄段的人群，做到男女老少皆宜。分组方面分别设立了学生组和成人组，设项方面分别设置了男子单打、男子双打、男子团体、女子单打、女子双打、女子团体、男女混合双打，以及男女混合团体赛。

2. 操作简单，规则简化，易于普及

在制定冰蹴球运动竞赛规则之初，制定者就本着操作简单、规则简化、易于普及的原则。无论是冰蹴球（4球方形场地）、冰蹴球（6球方形场地），还是冰蹴球（条形场地），处处都体现了这个基本原则。正是因为冰蹴球运动具有这样的特点，所以在推广普及时它才深受大众喜爱。无论是在校学生、上班族还是离退休老同志，一见到冰蹴球就想上前展示一下脚下功夫。特别是北京市西城区举办的什刹海冰雪体育文化节，受到什刹海街道群众的热烈响应。许多年逾古稀的老人纷纷登场献艺，演示当年"踢冰核儿"的技法。

二、冰蹴球运动的价值

（一）健身性

1. 天人合一的室内外项目

冰蹴球运动作为一项有氧运动项目，既可以在气温较低的真冰环境中开展，也可以在仿冰面的室内、室外环境中开展。人们在练

习时，需要集中精力一边思考一边运动，自身消耗能量大。特别是在真冰环境中，耗氧量大、出汗少，不易感到疲劳，无形中增加了运动强度。在户外开展冰蹴球运动时，可以增加人们与新鲜空气和阳光接触的机会，吐故纳新，促进新陈代谢，增强人体的免疫力。在真冰环境中运动时，气温较低，空气相对洁净，人的呼吸道会更舒适，进而能促进全身血液循环，加速热量消耗，达到健身的目的，同时还能促进人与自然和谐相处。再者，利用天然之石强健人的血肉之体，体现了天人合一、强身健体的理念。

2. 中医理念的足底按摩项目

冰蹴球运动的基本动作是用脚掌踩住球向前将球蹴出。《黄帝内经》"足心篇"之"观趾法"和隋朝高僧所撰《摩诃止观》之"意守足"等，都对足底健身提出了很好的建议。中医认为"脚是人的第二心脏"，人的脏腑器官与足底穴位是一一对应的，人的脚掌部位血管丰富、经络集中，用脚掌蹴球相当于用球对足底进行按摩，这样的按摩形式是有益于身体健康的，因此通过冰蹴球运动可以很好地改善人体内分泌和血液循环。

3. 中枢神经系统与四肢协调配合的项目

在冰蹴球运动中，选手主要通过眼睛观察、中枢神经系统调节与控制、两脚配合共同完成技术动作。在运动中，人的眼睛要不断观察球体的位置变化，设计击球角度，瞄准击球点，不断反馈至中枢神经系统，进而纠正下肢发力的大小与方向。这样的动态配合可以使视觉功能得到改善，对消除视觉疲劳有明显益处。

4. 提升智力、陶冶情操的项目

冰蹴球比赛时，场上情况千变万化，运动员要保持头脑清晰，把握住每一次战机，树立战术组合的全局观，这样才能更好地应对各种复杂的局面。经常从事冰蹴球运动，可以使人思维敏捷，智力提升，对培养人的直觉力、领悟力和理解力都有积极的作用。冰蹴球运动是一项融竞技与娱乐于一体的运动项目，可以陶冶情操，激发人们的进取意识和奋斗精神，使人的智、勇、技等方面的竞争与对抗以间接的方式表现出来，帮助人们在进取、拼搏中建立一种理性的态度。

5. 协调发展身体素质的项目

按照运动训练学理论来分析，人的身体素质包括速度、耐力、力量、灵敏、柔韧和协调六个方面，冰蹴球运动能较好地锻炼人的各项身体素质。在冰蹴球运动中，运动员主要依靠下肢完成支撑、摆动、蹴击球的动作。冰蹴球运动需要较强的腰部、腿部力量，同时还需要躯干和上肢的协调配合。因此，经常从事冰蹴球运动，可以使腰、髋、膝、踝等部位关节和肌肉得到一定程度的锻炼，提高人体的平衡能力和协调能力。

（二）观赏性

冰蹴球运动的参赛双方虽然没有身体接触，但两两对抗、轮流蹴球、交替得分的竞赛形式，依然为观赛者提供了扣人心弦的观赛体验。高水平的冰蹴球比赛往往能打出让人意想不到的技战术，无论是参赛选手还是观赛者，都会有一种赏心悦目的感觉。比赛中场上情况瞬息万变，参赛者不仅比拼技术、比拼战术、比拼体能，更比拼心智，这使整个比赛具有很强的艺术观赏性。

（三）娱乐性

冰蹴球运动的场地虽然有方形和条形的区别，但两种场地都以方形为基础，设计圆形的发球或得分区域，体现了"天圆地方"的中国传统文化思想。"双方对垒，四角发球（两边发球）"的布局又反映了"你中有我，我中有你"的辩证思维，极具中国人的哲学情趣。由于技术简单、规则简化，竞赛中又高潮迭起、悬念丛生，冰蹴球比赛能引得观众沉浸其中。这就如同中国象棋，二人对弈，但围观者众。

（四）科学性

1. 项目本身具有科学性

冰蹴球运动在继承、创新、推广之初，就以"技术操作简单，竞赛规则简化，易于全民普及"为追求目标，无论是基本技术的设计与操作，还是竞赛规则的制定与实操，都以上述目标为前提。经过多方长期实践，最终形成了方形、条形两种场地规格，4球、6球、10球三种器材标准；采用了脚掌踩球、向前蹴球、撞击或占位得分的竞赛规则。冰蹴球运动在技术上符合人体运动规律，在竞赛规则制定与战术安排上符合常规逻辑，具有较强的科学性。

2. 提高参与者的科学素养

冰蹴球运动是用脚蹴球、使球体相互碰撞进而产生得失分的运动。人们在运动时不仅要符合运动生理学、运动生物力学的基本规律，更要紧密结合运动生物力学原理来判断球体的受力分布和运行轨迹，具有较强的科学性。人们长期参与冰蹴球运动，无形中学习了相应的科学知识，提高了科学素养。如果想在该项目上展示出较好的运动表现并取得理想的运动成绩，需要进一步深入学习研究相关学科知识。

第三节　开展冰蹴球运动的意义

　　冰蹴球运动是全国民族运动会正式比赛项目"蹴球"的演变，又是清代冰上"蹋鞠（踢冰核儿）"运动的活态传承，有着自己独特的魅力。

　　冰蹴球运动属于现代民族体育项目，具有中国特色，也是一项具有冬季特色的冰上运动项目。冰雪运动难度大、要求高、观赏性强，很能点燃人的激情。习近平总书记曾指出："要把推动冰雪运动普及贯穿始终，大力发展群众冰雪运动，提高冰雪运动竞技水平，加快冰雪产业发展，推动冬季群众体育运动开展，增强人民体质"。冰蹴球作为一项可以全民参与的冰上运动项目，应该大力推广、普及，让更多的群众参与其中，发挥其价值。这对于丰富人民群众精神文化生活，提升人民群众获得感、幸福感和满意度具有重大意义。

一、弘扬中华传统文化

冰蹴球运动体现了天圆地方的中国古代哲学思想。东汉文学家李尤的《鞠城铭》中曾有这样的描述："圆鞠方墙，仿象阴阳。法月衡对，二六相当。建长立平，其例有常。不以亲疏，不以阿私。端心平意，莫怨其非。鞠政由然，况乎执机。"虽然文字不多，但说明了球是圆的，场地是方的，他们分别代表了天和地、阴和阳。同时，也说明了双方必须遵守规则，指明了裁判员在竞赛中执法要公正、准确，不能徇私、偏袒。

在冰蹴球比赛中，双方运动员身体不接触，而是通过球与球之间的碰撞，将人的智、勇、技等方面以间接的方式表现出来，体现以智取胜、以技取胜、以巧取胜的竞赛特点。冰蹴球运动可以培养参与者高尚、文明的情趣，帮助其建立和谐又不乏竞争的运动观念。

二、促进民族交往交流交融

民族传统体育是中华民族传统文化的瑰宝，而冰蹴球运动作为传统体育项目踢石球在新时代的创新与发展，是我国民族传统体育的一颗闪亮的明珠。每到比赛之时，各族人民聚在一起，通过竞技比赛交流经验，提高技艺，增进友谊。因此，充分利用冰蹴球运动的特点举办各式各样的比赛及活动，不仅可以强身健体、提升智力、陶冶情操，而且对加强民族交流、振奋民族精神、弘扬民族文化、丰富民族生活、促进民族经济发展都有重要的现实意义。

第二章

冰蹴球运动基本技术

第一节　冰蹴球基本动作

　　按照运动训练学项群理论进行分析，冰蹴球运动的技术动作属于单一动作结构，比赛中可根据需要控制发力的大小。冰蹴球技术的基本要求可概括为姿势要稳、瞄球要准、出脚要有控制。（图 2-1 至图 2-22）

　　本书选取连续的图片进行展示，但是受拍摄条件和球体运动的限制，有些图片存在球体不完整或缺失的情况。

图 2-1　侧面 1

图 2-2　侧面 2

图 2-3　侧面 3

图 2-4　侧面 4

图 2-5　侧面 5

图2-6　侧面6

图2-7　侧面7

图 2-8　侧面 8

图 2-9　侧面 9

图 2-10 侧面 10

图 2-11 侧面 11

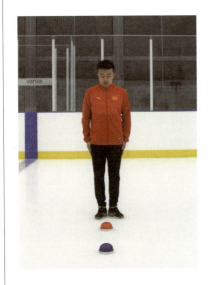

图 2-12　正面 1

图 2-13　正面 2

图 2-14　正面 3

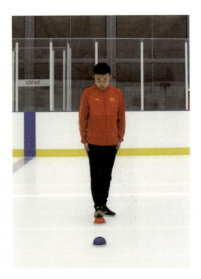

图 2-15　正面 4

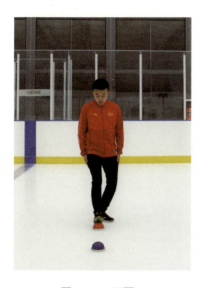

图 2-16　正面 5

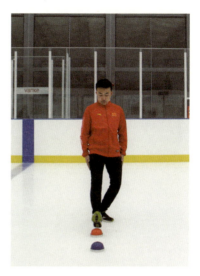

图 2-17　正面 6

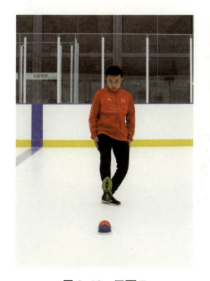

图 2-18　正面 7

图 2-19　正面 8

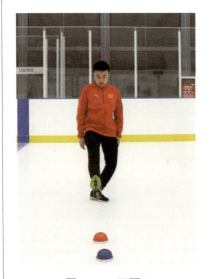

图 2-20　正面 9

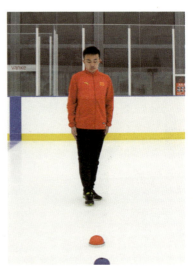

图 2-21　正面 10

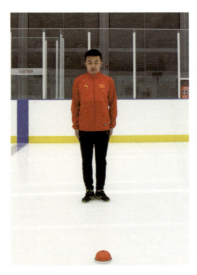

图 2-22　正面 11

一、基本站位

蹴击球时的站位很重要，它关系到运动员的进攻是否成功，因而在教学和训练中应该强调站位，并多加练习。

蹴击球时的正确站位：运动员应在瞄好线后，站在进攻球路线的后方，面向目标球的方向，与将要进攻的路线保持在同一方向。（图2-23至图2-26）

图 2-23 侧面 1

图 2-24　侧面 2

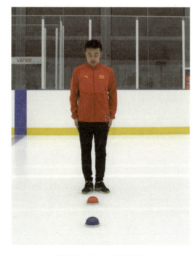

图 2-25　正面 1

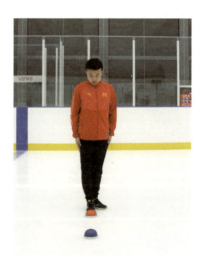

图 2-26　正面 2

二、身体姿势

蹴击球时必须保持正确的身体姿势，如果没有正确的身体姿势，就会导致身体重心不稳，进而影响进攻的效果。

蹴击球时正确的身体姿势是：两脚一前一后站立，两脚之间的距离根据个人情况而定，但必须保证身体重心在两脚之间，保持重心的稳定。后方的脚适当外展，与身体中轴线（进攻方向）成30°角，前脚的方向与进攻方向保持一致。两手可以自然下垂，可以叉腰，也可以背于身后。（图2-27至图2-38）

图2-27　侧面1

图 2-28 侧面 2

图 2-29 正面 1

图 2-30 正面 2

图 2-31　侧面 1

图 2-32　侧面 2

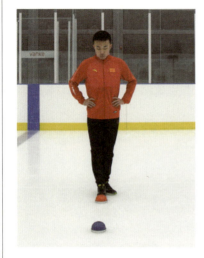

图 2-33　正面 1

图 2-34　正面 2

图 2-35　侧面 1

图 2-36　侧面 2

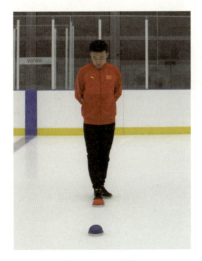

图 2-37　正面 1

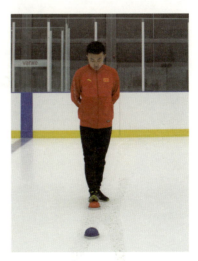

图 2-38　正面 2

第二节　冰蹴球基本技术

（一）动作要领

自然站立，两脚前后分开，一般右脚在前（用左脚进攻者则左脚在前）。瞄准时，将右脚脚尖放在目标球和本球连线的延长线上，使脚的中轴线和目标球、本球连线的延长线重合。然后以右脚脚跟为着力点，把前脚掌轻靠在自己的本球上，稳定后（有明显的停顿动作，2秒以上）将球向前蹴出。（图2-39至图2-48）

图2-39　侧面1

图 2-40　侧面 2

图 2-41　侧面 3

图 2-42　侧面 4

图 2-43　侧面 5

图 2-44　侧面 6

图 2-45　侧面 7

图 2-46　侧面 8

图 2-47　侧面 9

图 2-48　侧面 10

（二）具体要求

（1）在蹴击球出脚的过程中，脚的发力自始至终要柔和，要控制好方向。

（2）力量的控制非常重要，不能过于柔和，否则无法击中目标球；不能过于使劲，否则容易导致出脚方向改变。

（3）在平时的训练中要多注意击球力量的练习，练好基本功，打好基础。

二、加力击球技术

（一）动作要领

同常规蹴击球动作要领。（图 2-49 至图 2-62）

图 2-49　侧面 1

图 2-50　侧面 2

图 2-51　侧面 3

图 2-52　侧面 4

图 2-53　侧面 5

图 2-54　侧面 6

图 2-55　侧面 7

图 2-56　正面 1

图 2-57　正面 2

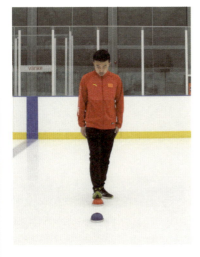

图 2-58　正面 3　　　　　　　图 2-59　正面 4

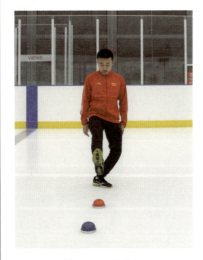
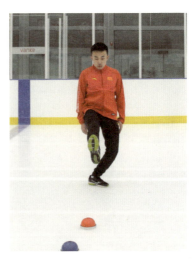

图 2-60　正面 5　　　　　　　图 2-61　正面 6

图 2-62　正面 7

（二）具体要求

（1）在蹴击球出脚的过程中，脚上的力量要逐渐增加，在球出脚的瞬间达到最大。

（2）控制好发力顺序与节奏，由柔到刚、由慢到快。

三、柔力击球技术

（一）动作要领

同常规蹴击球动作要领。（图 2-63 至图 2-74）

图 2-63　侧面 1

图 2-64　侧面 2

图 2-65　侧面 3

图 2-66　侧面 4

图 2-67　侧面 5

图 2-68　侧面 6

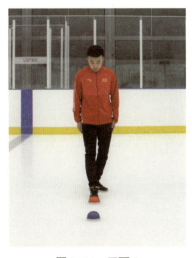

图 2-69　正面 1

图 2-70　正面 2

图 2-71　正面 3

图 2-72　正面 4

图 2-73　正面 5

图 2-74　正面 6

（二）具体要求

（1）在蹴击球出脚的过程中，脚上的力量要始终保持柔和。

（2）控制好发力节奏，缓缓出脚。

第三章

冰蹴球运动基本战术

第一节　概念界定

从某种意义上讲，战术即技术的最合理、最及时的运用。冰蹴球运动员在比赛中，应随时随地选择和运用自己所掌握的技术动作和配合方法，有目的、有意识地蹴出每一脚球，以期达到本方得分、扩大战果、牵制对方得分、减少本方失分、争得场上主动、保持本方优势到最后战胜对手的目的。

对冰蹴球战术进行分类，是为了使具有特定内涵和外延的、各种不同性质和形式的冰蹴球战术，便于在训练和比赛中交流和运用。

一、战术的定义

战术是指在比赛中为战胜对手或为获得期望的比赛结果而采取的计谋和行动。冰蹴球战术则是指在冰蹴球比赛中，运动员为战胜对手，达到比赛既定目标而采取的计谋和行动。

二、战术意识

战术意识又称战术素养，是指运动员在比赛中为达到特定战术目的而决定自己战术行为的思维活动过程。战术意识强的运动员能在多变的竞赛环境中，准确、及时地判断场上状况，从而采取有效合理的应对措施。冰蹴球战术意识就是运动员在比赛过程中，为了取得比赛胜利而决定战术行为的思维过程。良好的战术意识有助于运动员在比赛中取得理想成绩。

三、战术指导思想

战术指导思想是战术活动的核心。采用的战术是否具有很强的针对性和实效性，关键取决于战术指导思想正确与否。因此，在冰蹴球比赛中，冰蹴球战术指导思想尤为重要。冰蹴球战术指导思想是运动员基于对战术规律的认识，指导战术行动的规范或模式。

四、战术能力

战术能力是指运动员掌握和运用冰蹴球战术的能力，是冰蹴球运动员整体竞技能力水平的重要构成部分。

五、冰蹴球技术与冰蹴球战术的关系

冰蹴球技术是冰蹴球战术运用的基础，战术则是整个比赛的灵魂。没有良好的技术作为基础，战术便不能很好地发挥。只有精准的技术而不能灵活地运用战术，比赛也无法取得更好的成绩。因而，冰蹴球技术与冰蹴球战术之间是辩证的关系，二者相辅相成，缺一不可。在训练中，既要重视冰蹴球技术水平的提高，也要加强冰蹴球战术运用能力的培养。

第二节　冰蹴球基本战术

一、按战术执行人数分类

（一）个人战术

冰蹴球个人战术是指运动员单独完成的各种战术行动。它是运动员在比赛中针对临场变化的情况，独立地完成局部战术意图的行动。个人战术是运动员在比赛中有策略地应对复杂多变的情况，果断作出应答的技能与技巧。个人战术的运用包括运动员采取的战术行动，也包括在团体项目的集体配合中采取的个人战术行动。个人战术区别于个人技术的关键在于完成动作的行为是否基于战术意图及战术配合的需要。

（二）团体战术

团体战术是指在冰蹴球团体比赛中，每名运动员按照教练的统一部署，协调配合完成的战术行动。团体战术中包含着个人战术，但又不是个人战术的简单相加，团体战术远大于个人战术之和。个人战术运用于团体战术，是局部与全局、个体与整体的关系。前者是后者的基础和组成部分，后者则是前者的合理组织和综合体现，是个人战术发挥的有力保证。应当重视个人战术基础上的团体战术配合，强调个人战术的熟练准确和集体配合的精确，以提高战术的成功率，减少失误率；同时注重在集体密切配合下，充分发挥个人的特点，以调动全体队员的积极性和个性的发展。

团体战术在运用时一般应遵循三条原则：一是战术思想统一，即要求全队战术思想要统一，每个运动员对战术计划要明确清晰，这是全队实施战术行动的基础；二是战术行动统一，运动员要遵循战术纪律，依照确定的战术方案，有组织有纪律地执行，这是团体战术水平发挥的基础；三是将个人战术能力融入集体战术中，既强调集体配合，又不能忽视单兵作战。只有每个运动员发挥出自己最大的能力和潜力，才能最大限度地发挥出集体的能力。

二、按战术攻防性质分类

（一）发球战术

发球战术，顾名思义是运用在发球阶段的战术。发球战术又细分为首发球战术和后发球战术两种。

1. 首发球战术

首发球时，要根据己方战术意图和所持球色，安排自己球的走位，占据最有利的地形，以便进行下一轮攻击。

2. 后发球战术

后发球时则要根据对方发球情况和下一轮进攻首方，尽量远离对方的球或接近对方的球。

（二）进攻与防守战术

1. 进攻战术

进攻战术指在蹴击球时，以进攻、得分或占据有利位置为主要目的的战术。

2. 防守战术

防守战术指在蹴击球时，以防守或占据有利位置为主要目的的战术。

（三）特殊战术

特殊战术指在比赛中针对特殊对手或场上的特殊情况而制定的战术。"一次性效应"是此类战术的显著特征。在比赛中一旦这种战术被采用，往往能对取得出线权、争夺名次起到关键性的作用。

第四章
冰蹴球运动教学与训练

第一节　冰蹴球运动教学

一、基本动作教学

冰蹴球是一项趣味性和技巧性很强的运动项目。为了提高竞技水平，在比赛中战胜对方，运动员就必须扎实熟练地掌握好各种技术和战术。基本动作要求全身协调用力，力量控制适当；球滚动的速度要均匀，路线要直且稳；击打目标要准确，没有偏差。扎实的基本动作会为本方的最后胜利打下坚实的基础。

（一）动作要领

冰蹴球的基本动作包括以下六个部分：预备、瞄、撑、踩、蹴、随。

1.预备姿势

运动员两脚前后分立，一般右脚在前（用左脚进攻者则左脚在前）。（图4-1）

图 4-1　预备姿势

2. 瞄线

　　将右脚脚尖放在目标球和本球的延长线上，使脚的中轴线和目标球、本球连线的延长线重合。（图 4-2）

图 4-2　瞄线动作

3. 后腿支撑

以后腿作为支撑腿，支撑身体并保持重心。（图4-3）

图4-3　后腿支撑动作

4. 前脚踩球

脚跟着地，脚掌轻踩在球面上。（图4-4）

图4-4　前脚踩球动作

5. 前脚蹴球

在重心稳定后（有明显的停顿动作，2秒以上），前脚将球向前蹴出。（图 4-5）

图 4-5　前脚蹴球动作

6. 前脚跟随

在蹴出的过程中，脚掌随球向前，直到将球完全送离脚底。（图4-6）

图 4-6　前脚跟随动作

（二）教学要求

1. 介绍理论知识

在正式练习冰蹴球基本动作前，向运动员讲解冰蹴球的起源、特点、场地、器材等基本知识，让运动员对冰蹴球运动有初步的了解。

2. 选择蹴球用脚

运动员根据自己的习惯，自愿选择左脚或右脚作为蹴球用脚。

3. 提出服装要求

冰蹴球运动员必须穿平底鞋进行练习。

4. 提出练习要求

基本动作是比赛得分的重要手段，因此运动员要认真地练习基本动作。运动员通过练习后要能够击打不同距离的球，并且击打球时要打正，不能打偏。

5. 逐步引入规则

在各种辅助练习中，逐步引入竞赛规则和裁判法的知识，让运动员在练习中学习，在学习中理解，在理解中提高。

（三）主要教法

冰蹴球基本动作教学主要采取分解教学的方法。

二、辅助练习

进行辅助练习是为了更好地学习和掌握基本动作，不断提高基本动作的熟练程度和运用能力。辅助练习的内容包括搓球练习、无目标球练习、以直线为参照物的练习和击球练习。

（一）搓球练习

搓球练习是指将脚掌放在球上反复搓球，提高脚掌对球的感觉，增强脚掌对球的适应性和控制能力，提高踝关节的灵活性，为下一步脚掌发力打好基础。（图4-7至图4-14）

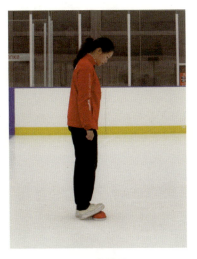

图 4-7　搓球练习 1

图 4-8　搓球练习 2

图 4-9　搓球练习 3

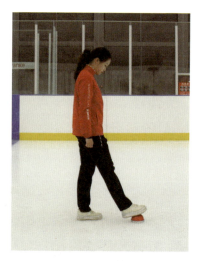

图 4-10　搓球练习 4

图 4-11　搓球练习 5

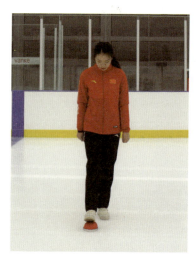

图 4-12　搓球练习 6

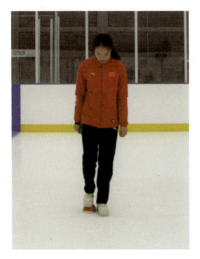

图 4-13　搓球练习 7　　　　　　　图 4-14　搓球练习 8

（二）无目标球练习

　　无目标球练习是指在不设定目标球的情况下，运动员按照基本动作要领练习向前蹴球的技术，可向任意方向进行。这个练习的目的是让运动员感受到脚发力蹴球的感觉，以便于提高脚对球的控制能力，为下一步训练打好基础。（图 4-15 至图 4-23）

图 4-15　无目标球练习 1

图 4-16　无目标球练习 2

图 4-17　无目标球练习 3

图 4-18　无目标球练习 4

图 4-19　无目标球练习 5

图 4-20　无目标球练习 6

图 4-21　无目标球练习 7

图 4-22　无目标球练习 8

图 4-23　无目标球练习 9

（三）以直线为参照物的练习

将球放置于直线上，练习沿直线蹴球，尽量使蹴出的球沿直线行进。这个练习既可以观察出脚后脚的延长线是否与直线重合进而纠正技术动作，又可以体会球在脚下是否走直线来增强脚的"球感"。（图 4-24 至图 4-35）

图 4-24　以直线为参照物的练习 1

图 4-25　以直线为参照物的练习 2

图 4-26　以直线为参照物的练习 3

图 4-27　以直线为参照物的练习 4

图 4-28　以直线为参照物的练习 5

图 4-29　以直线为参照物的练习 6

图 4-30　以直线为参照物的练习 7　　图 4-31　以直线为参照物的练习 8

图 4-32　以直线为参照物的练习 9　　图 4-33　以直线为参照物的练习 10

图 4-34 以直线为参照物的练习 11 　图 4-35 以直线为参照物的练习 12

（四）击球练习

击球要求全身协调用力，力量控制适当；球滚动的速度要均匀，路线要直且稳；击打目标要准确，没有偏差。以下具体练习方法可由运动员相互配合使用。

1. 根据力量的大小分类

根据力量的大小，可将击球练习分为三类：普通击球练习、加力击球练习、柔力击球练习。

（1）普通击球练习

普通击球技术在比赛中使用次数最为频繁。在普通击球练习中，所用力量要适中，身体要加以控制，球运动的速度要匀速且力量适当。通过前期的大量积累，运动员可以以目标球作为参照物进行有目标的击打练习。此时的练习不规定方向、远近，随意性比较强，

第四章　冰蹴球运动教学与训练

87

可让运动员充分感受方向不一、距离不同时蹴击球的感觉，提高运动员对方向、距离的敏感性。

（2）加力击球练习

加力击球技术常在近距离和中远距离球的情况下使用，既要求运动员在出脚的瞬间要有爆发力，也要求运动员具有良好的控制能力，出脚方向不能在发力的同时有所变化。

（3）柔力击球练习

柔力击球练习多用于第一次进攻和距目标球较近的情况，要求力量要柔和，但不能过小导致无法靠近或击中目标球。

2. 根据练习球的数量分类

根据练习球的数量，可将击球练习分为两类：单球练习和多球练习。平时训练时，运动员可采取单球和多球相结合的方法来进行交替训练。

（1）单球练习

所谓的单球练习，就是只有一个目标球，只进行一个目标球的击打练习。这种练习方法比较单一，有利于运动员集中精力，提高准确性。这种练习多用于早期训练。（图4-36）

图 4-36　单球练习

（2）多球练习

多球练习，就是在每次训练时摆放多个目标球，逐一击打。多球练习的目的是锻炼运动员抗干扰的能力。这种训练方法要求运动员能在有干扰的情况下找准目标球，进行准确有效的击打。这种多球练习很好地结合了比赛实际，多用于后期训练。（图 4-37）

图 4-37　多球练习

3. 根据本球和目标球的距离分类

根据本球和目标球的距离，可将击球练习分为三类：近距离练习、中距离练习、远距离练习。

（1）近距离练习。两球一般相距为 2 ~ 5 米。

（2）中距离练习。两球一般相距为 5 ~ 8 米。

（3）远距离练习。两球一般相距为 8 ~ 14 米。

此练习主要是通过先近后远、远近结合的练习方法来提高蹴球技术的准确性。例如，在近距离练习中，2 米、3 米、4 米、5 米等距离的球各练一组为一个循环，在平时训练中要进行多组的循环练习。在练习时特别要注意循序渐进，训练初期先练近距离击球，在动作没有固定下来，发力没有掌握好之前最好不要进行中远距离击

球，以免因距离远或不正确地使用大力量而使动作技术变形。（图 4-38 至图 4-40）

图 4-38　近距离击球练习

图 4-39　中距离击球练习

图 4-40　远距离击球练习

4. 根据击球的角度分类

根据击球的角度可将击球练习分为两类：击正练习和击左 / 右练习。

（1）击正练习

击正练习要求运动员击中目标球的正中心。这就要求运动员在踩球时姿势要稳、脚尖要正。可请同伴帮忙纠正瞄线动作。（图 4-41、图 4-42）

图 4-41　击正练习

图 4-42　击正练习

（2）击左/右练习

两人各持一颗球，要求对方击打目标球的左半个球或右半个球。在瞄线时，要求瞄目标球的左半个球或右半个球，特别注意的是踩球时一定要保持脚尖正向朝前。两人轮流练习，互相检查帮助。（图4-43、图4-44）

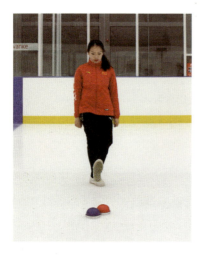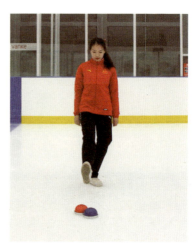

图 4-43　击左练习　　　　图 4-44　击右练习

三、发球练习

发球是进攻的开始，掌握好发球技术既可以破坏对方的首发进攻，为己方的开局创造有利条件，又可以使战术更好地得以运用。

（一）任意发球练习

在发球区内练习向场地内任意距离、任意区域发球，发球时必须符合发球规则。

（二）发定点球练习

在场地中标出一定区域，要求运动员将球发至该区域。

四、对抗练习

对抗练习包括有条件对抗练习和无条件对抗练习。

（一）有条件对抗练习

在遵守竞赛规则的前提下，人为设定一些条件，便于运动员有针对性地进行练习。比如，针对某个技战术进行有条件的练习。

（二）无条件对抗练习

在练习中不设定任何条件，完全按照竞赛规则进行，提高运动员的综合技战术水平和适应能力，也称为比赛练习。

以上练习大都属于非正式比赛练习，既可以安排不同数量的运动员在一起练习，又可以安排不同水平的运动员共同参加练习。在比赛练习中，运动员既可以达到发挥个人技术专长、克服"短板"的练习目的，又可以锻炼彼此之间的配合能力。

为了提高运动员练习的兴趣，定期进行技术测验和比赛中的技术统计是很有必要的。它不仅可以使运动员了解各项技术掌握和提高的情况，而且可以提高运动员练习的积极性。

五、放松练习

冰蹴球的技术动作单一，长时间练习会造成运动员神经和肌肉的紧张，因此放松练习在冰蹴球教学和训练中尤其重要。在进行放松练习时，除要求一定的动作外，还要使运动员明确放松的含义和作用，加强同伴之间的合作，以提高放松的效果。

六、教学中应注意的问题

（1）循序渐进、区别对待。在进行冰蹴球运动教学时，教师要科学合理地安排教学手段，要区别对待不同人群在学习中遇到的问题，不可急于求成。

（2）教师要熟悉规则。在测试或模拟比赛时，要按照规则严格要求，并且充分利用规则发掘更新、更有利的战术。

（3）在教学过程中，要维持良好的课堂教学秩序，加强保护、预防损伤、充分放松。

第二节　冰蹴球运动训练

冰蹴球运动的训练是为运动员参加冰蹴球比赛做准备的，因此具有更强的针对性，需要运动员付出更多的努力。

一、训练计划的制订

训练计划是对未来训练过程预先做出的理论设计，它是检查训练工作的重要依据。只有在充分调查研究的基础上确定训练任务、目标、方法和措施，才能使冰蹴球的训练工作有计划、有步骤地进行，从而保证训练任务顺利完成。

（一）制订计划的依据

冰蹴球训练计划以冰蹴球运动的特点、竞技状态形成的规律和全年重大比赛的时间为依据，是在总结上一年或上一次重大比赛情况的基础上制订的。

（1）训练计划的任务和要求要明确、具体、有针对性。

（2）训练时间的分配、运动负荷的安排要适当。

（3）训练的内容、方法和手段要符合项目发展要求，也要符合运动员的实际情况。

（4）训练工作的进行要有具体措施，要有量化标准。

（5）计划要有余地，以便随时根据实际情况做出必要的调整。

（二）训练计划的内容

训练计划的内容要全面，要涵盖整个训练过程，对整个训练周期有全局性的指导意义。其内容应该包括以下几个方面。

（1）运动员具体情况的说明。

（2）训练的任务与指标。

（3）训练的基本内容。

（4）训练负荷的量度及变化趋势。

（5）训练的方法和手段。

（6）检查训练工作的标准。

二、冰蹴球技战术训练

冰蹴球运动属于技能主导类表现准确性项群的项目，因此冰蹴球的技战术训练应该注重基本功的训练。例如：动作的稳定性、对力量的控制、对位置的准确判断等。在实际训练中，可以通过巧妙地安排训练内容，灵活地引申出多种行之有效的训练方法。具体的技战术训练要求如下。

（1）从实战出发，准确掌握各项基本技战术。

（2）勤学苦练，精确掌握各项技战术技巧并能稳定发挥。

（3）要遵循循序渐进的原则，逐步提高训练难度。

（4）逐步扩大训练范围，由此及彼，由表及里，能在比赛中灵活运用各种技战术。

（5）能在深刻理解现有技术动作和规则的基础上进行技术动作和战术的创新。

三、冰蹴球体能训练

体能是通过力量、速度、耐力、协调、柔韧、灵敏等运动素质表现出来的人体基本运动能力，是运动员竞技能力的重要构成因素。在冰蹴球运动中，力量、耐力、柔韧等运动素质对冰蹴球技术动作的完成和运动技术的质量有着重要影响，因此在平时的训练中要加强各项运动素质的训练。

（一）力量训练

1. 力量素质概念

力量素质是指人体神经肌肉系统在工作时，克服或对抗阻力的能力。力量对于运动员来说是非常重要的一项身体素质。在平时的训练中，运动员需要重视力量的训练，尤其应加强对力量控制的训练。

2. 力量训练的方法和手段

冰蹴球的专项力量训练主要集中在腿部、腰部以及踝关节和膝关节等部位。

（1）在训练中加入一些既能调动运动员积极性，又能进行腿部、腰部力量训练的项目。如靠墙静蹲、仰卧起坐等。

（2）利用训练器械直接发展运动员所需的腿部力量。如负重深蹲。

（3）在发展大肌肉群力量的同时，重视小肌肉群、远端肌肉群的力量训练。如负重提踵。

（二）耐力训练

1. 耐力素质概念

耐力素质是指机体在一定时间内保持特定强度负荷或动作质量的能力。冰蹴球项目的赛事特殊性要求运动员在长时间高压或室外寒冷的比赛环境中保持动作的稳定性。耐力水平的提高表现为更长时间保持特定运动强度或动作质量，或在一定时间内承受更高运动强度的能力。冰蹴球运动员要在竞赛全过程保持特定的运动强度或动作质量，就必须具备良好的耐力素质。耐力训练是提升耐力素质的基础，因而耐力训练是训练计划中必不可少的内容。

2. 耐力训练的方法和手段

（1）坚持较长时间的基本动作训练。

（2）长时间重复进行某项技术训练。

（3）循环练习。

（4）训练中安排长时间的专项练习。

（5）安排超过正式比赛时间或局数的训练。

（三）柔韧训练

1. 柔韧素质概念

柔韧素质是指人体关节在不同方向上的运动能力，以及肌肉、韧带等软组织的伸展能力。运动员在做冰蹴球基本动作时，有一个前摆腿的动作，这个动作对运动员腿部、腰部的柔韧提出了一定的要求。

2. 柔韧素质训练的方法和手段

（1）发展腿部的柔韧要通过压腿、踢腿等方法来实现。

（2）发展腰部的柔韧可通过站立体前屈、转体、甩腰等方法来练习。

（3）发展踝关节的柔韧可以进行屈膝坐压、踝关节绕环等练习。

四、冰蹴球心理训练

（一）运动员心理能力

运动员心理能力是指运动员与训练竞赛有关的个性心理特征，以及根据训练竞赛的需要把握和调整心理过程的能力，是运动员竞技能力的重要组成部分。在冰蹴球运动中，运动员面临很大的心理压力。运动员心理能力的强弱对其总体竞技水平的发挥起到很关键的作用，也直接影响比赛结果。在冰蹴球训练中，运动员一定要加强心理能力的训练，以便在重大比赛中保持较为稳定的心理状态，从而稳定发挥其技战术水平。

（二）运动员心理能力训练的常用方法

1. 表象训练法

表象训练法指运动员在头脑中对过去完成的正确技术动作的回忆与再现、唤起临场感觉的训练方法。通过多次动作表象，提高运动员的表象再现及表象记忆能力。运用表象训练法可以使运动员的注意力集中于正确的技术要求，有利于提高心理稳定性，从而促进技术的掌握。

在冰蹴球训练和冰蹴球比赛中，运动员在暗示语的指导下，反复想象正确的、完整的技术动作，这就是常用的表象训练法。

2. 诱导训练法

诱导训练法指在训练中采用有效刺激物把运动员的心理状态引导到某一个事物或方向上去的训练方法，可为顺利完成训练与比赛任务建立良好的心理状态。

在冰蹴球训练和冰蹴球比赛中，可通过语言来引导运动员做出正确的战术选择，使其展现出良好的运动技能。

3. 模拟训练法

经常进行队内训练比赛，或与邻近地区的运动队举行邀请赛等，使运动员能快速适应不同的对手、场地、环境，以此来逐步提高运动员的心理能力。

第五章

冰蹴球运动的竞赛组织工作

第一节　竞赛的意义及种类

一、竞赛的意义

　　冰蹴球竞赛是冰蹴球教学、训练工作的重要组成部分，是检验教学、训练成果的有效手段，同时又能进一步促进冰蹴球运动教学、训练工作。它对提高冰蹴球运动技术水平、推广普及冰蹴球运动具有重要意义。

　　中国冰蹴球是为助力 2022 年北京冬奥会而结合踢石球（蹴球）、踢冰核儿（冰蹴球）等传统体育与游戏发掘整理的现代民族体育项目，有着深厚的文化渊源、广泛的群众基础和强大的生命力。冰蹴球竞赛能够培养运动员热爱集体、互相合作的精神，以及机智、果断、顽强拼搏的优良品质。举办冰蹴球运动的各类比赛与交流活动，可以向大众宣传民族传统体育技艺与文化，吸引更多的人加入全民健身的行列。

二、竞赛的种类

　　根据现有的冰蹴球竞赛组织状况，可将其分为以下几种。

（一）综合性体育比赛

（1）北京市民族传统体育运动会冰蹴球比赛。

（2）北京市冬季运动会冰蹴球比赛。

（二）单项体育比赛

（1）京津冀冰蹴球邀请赛。

（2）西城区青少年冰蹴球比赛。

（三）休闲娱乐性体育交流

冰雪文化节冰蹴球比赛。

第二节　冰蹴球竞赛的组织工作

冰蹴球的竞赛组织工作是保证竞赛工作顺利进行的必要条件。竞赛组织工作分三个阶段。

一、赛前准备工作

赛前准备工作主要有成立筹备组织、讨论比赛组织方案等，是做好一切工作的基础。

（一）制定组织方案

组织方案主要包括以下内容。

1.目的、任务

赛前一定要明确组织赛事的目的和任务，然后根据具体任务和计划来确定竞赛的组织方案。

2.组织机构

组织方案中要明确组织形式、组织人员及承办单位等。

3.竞赛经费预算

根据组织形式、参赛人员、裁判员和工作人员等具体情况，制订详细的经费预算。预算应包括：教练员、运动员、裁判员及工作人员的食宿费，相关人员酬金，场地租赁费，比赛用车费，以及与比赛相关的医疗、消防、安保、防疫、消耗性用品等费用。

（二）制定竞赛规程

竞赛规程是比赛的指导性文件，是竞赛工作的依据。竞赛规程要尽早发给各有关单位，以便做好赛前准备工作。

竞赛规程包括：竞赛名称、竞赛目的和任务、主办单位、竞赛时间和地点、参赛单位、参赛人数、参赛资格、报名办法、竞赛办法、名次评定及奖励办法等。

（三）制定工作计划

根据组委会的方案，制定竞赛规程和比赛的主要工作计划。各个部门（竞赛组、场地组、裁判组等）拟定具体工作计划，经组委会批准执行。

二、赛期工作

（1）坚持进行思想教育，严格纪律，加强团结。

（2）及时组织裁判员进行总结，不断改进裁判工作，提高裁判水平。

（3）及时上报、登记、公布比赛成绩，定期发布成绩公告。

（4）经常检查比赛场地、器材，以保证比赛的顺利进行。

（5）定期召开教练员领队会，及时通报赛况，处理有关问题。

（6）医务组应深入比赛场地，以便能及时处理突发情况，并做好防病、卫生工作。

三、赛后工作

（1）组织大会闭幕式，公布比赛成绩、发奖。

（2）组织教练员、领队、运动员和裁判员交流经验。

（3）做好各部门的总结工作。

（4）安排各队离开赛区的有关事宜。

（5）做好其他竞赛结束工作。

第三节　竞赛制度、编排和成绩计算

一、竞赛制度

竞赛制度是确定参加比赛的优胜者排序的方法，它可以保证竞赛紧张有序地进行，完成竞赛任务。冰蹴球比赛一般采取分组循环制与单败淘汰制相结合，也可直接采取单败淘汰制。

（一）分组循环制

分组循环制是把参加比赛的队分成若干组，各小组先进行单循环比赛。经过小组循环比赛，排出各小组名次后，再进行第二阶段的比赛。

例如：有 21 个队参加比赛，根据竞赛办法，通过抽签的方式将参赛队分成七个组，每组 3 个队，进行小组循环的比赛，决出名次后，取小组前两名进入下一阶段单淘汰赛。

（二）单败淘汰制

单败淘汰制指参赛队在比赛中失败一场就被淘汰，从而失去继续比赛的资格，它能较合理地产生冠军队。

二、编排方法

（一）参加比赛的轮数（以单败淘汰制为例）

总场数和轮数的计算方法如下：

$$总的比赛场数＝参赛队数-1$$

比赛轮数为参赛队数的 2 的乘方数或略大于参赛队的 2 的乘方数。例如：8 个队参加比赛，总场数为 7，轮数则是 3 轮。14 个队参加比赛，14 不是 2 的乘方数，而 16 是 2 的四次方，又比 14 稍大，则比赛的轮数应为 4 轮。

（二）轮空队的确定与编排

如果参赛队数不是 2 的乘方数，则必须在第一轮的比赛中让一部分队轮空，使第二轮的比赛队数成为 2 的乘方数。因此，要先计算出第一轮轮空队数。

确定轮空队的方法是：用稍大于参加比赛队数的 2 的乘方数减去参加比赛队数，即轮空位置数。为了能较好地反映出比赛的实际水平，使实力较强的队较晚些或最后相遇，使末轮比赛更加精彩，要把轮空位置安排在"种子队"的旁边。轮空位置的确定应优先照顾种子选手，而种子选手中又优先照顾 1 号种子选手。如果只有一个轮空位置，则肯定是与 1 号种子选手位置相连的 2 号位置，如果有第二个轮空位置的话，则肯定是与 2 号种子选手位置相邻的 15 号位置。

由于不是每年都有重大赛事，冰蹴球这个项目就没有办法确定"种子选手"。因此，在冰蹴球比赛中，一般轮空位置的确定是靠抽签的办法来实现的。

三、成绩计算

　　冰蹴球比赛目前有方形场地（4球与6球）和条形场地（10球），两种场地标准对应三种竞赛规则，每种竞赛规则不同，其判定胜负和成绩计算的方法也不同。

　　冰蹴球比赛有三种比赛形式，根据比赛用球的数量不同划分为：4球冰蹴球、6球冰蹴球和10球冰蹴球。其中4球冰蹴球和6球冰蹴球在一块方形场地上进行，10球冰蹴球在一块条形场地上进行。

第六章

冰蹴球竞赛规则与裁判法

第一节　冰蹴球（条形场地）竞赛规则

一、比赛

（一）定义

冰蹴球比赛是按照竞赛规则，由双方运动员用脚底蹴球，根据球在冰上或仿冰面上撞击后停留的不同得分位置来计算得分的一项现代民族体育竞赛项目。

（二）赛制

冰蹴球比赛可设男单、女单、男双、女双、混双、男团、女团七项比赛。团体比赛为五人制比赛，五人按顺序依次蹴球一次。团体赛除领队、教练外，可有一名替补运动员。

二、比赛场地和器材

（一）比赛场地

（1）场地规格：长 12 米，宽 2 米的长方形，平坦光滑的冰面或仿冰面。

（2）画线：线宽为 5 厘米，边线及各线段均为场内和各区内的一部分。

（3）击发区：在场地两端，每端一个，长 2 米，宽 0.8 米的长方形区域。

（4）得分区：在场地中心，一个半径 0.8 米的圆形区域。

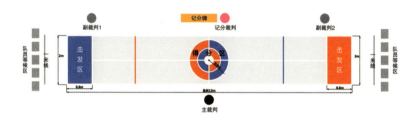

图 6-1　场地示意图

（二）比赛用球

比赛用球为半球形塑料球，装有圆柱体金属底座。半球直径 12 厘米，底座直径 13 厘米，高 2 厘米。球重约 1.5 千克。比赛用球分红、蓝两种颜色，每种颜色 5 个球。

（三）专用器材

（1）比赛计时钟和计秒表各 1 块，比赛计时钟为比赛时间计时，计秒表为暂停计时。

（2）记分牌，能让与比赛有关的每一个人看清楚得分。

（3）记录表，用于记录场上判罚等情况及最后比赛成绩。

（4）手电筒、圆规，用于测量球的位置。

三、运动队

（一）运动员

（1）每队由 5 名男运动员、5 名女运动员组成，可有男、女各一名替补运动员。

（2）运动员比赛时需统一着装。上衣印有明显号码，胸前印小号，背后印大号（20 厘米 ×10 厘米）。场上队长须戴袖标。运动员须穿平底运动鞋上场比赛，并接受裁判员对其进行装备检查。凡不符合规定者，应立即更换。装备是否符合规定以裁判员认定为准。

（3）运动员须在检录完成后，由志愿者带领统一进入赛场。进入赛场后，由主裁判组织双方队长进行选边。

（4）选边后，双方运动员站在击发区 1 米线后的等候区，等候主裁判介绍双方运动员，等待比赛开始。在裁判介绍运动员时，运动员需手臂上举示意。

（5）比赛开始后，除一名运动员进入击发区发球外，其他运动员需在击发区 1 米线后的等候区等待上场。

（6）比赛时，只要不影响对方，并遵守规则中的时间规定，运动员之间可以相互商量。在比赛中的任何时间，运动员均不得擅自退到挡板外接受指导或饮水。

（7）参赛队的所有人员必须遵守竞赛规则、规程，并对自己的行为负责，不得做出妨碍比赛、干扰对方、破坏比赛气氛的任何行为。

（二）队长

（1）场上队长是本队的代表，必须佩戴袖标。队长下场时，应指定场上另一运动员担任队长，并移交袖标。

（2）在运动员检录时，队长须填写好比赛记录表，在表中写明出场顺序，然后运动员按顺序排队出场。如团体赛号码为1、2、3、4、5；双打号码为1、2，单数号码运动员击球三次。

（3）队长有权提示裁判员及时更正计分错误。每局比赛结束时，队长在记分牌处与记分裁判对本局得分进行确认；每场比赛结束后，队长在比赛记录表签字确认成绩。

（三）教练员

（1）教练员应按赛会要求在指定地点进行观赛或指挥，未经裁判员允许，不得进入挡板或限制线内。

（2）教练员在观赛或指挥时，不得干扰对方，不许对任何人使用粗言秽语。

四、比赛通则

（一）比赛开始

志愿者引导双方运动员进行检录。队长进入场内与主裁判进行选边，选边后带领运动员直接进入场内各自等候区站队，等待主裁判在介绍完运动员后宣布比赛开始。

（二）比赛发球

在主裁判发出口令后 15 秒内，运动员在击发区内任意位置按标准规范动作（脚跟着地）完成发球。第一局比赛红球先发，蓝球后发，双方交替发球，分别依次发出 5 个球，发在两条限制线之间为有效发球（压线有效）。比赛共分为四局，第一局红方率先发球，第二局蓝方率先发球，第三局红方率先发球，第四局蓝方率先发球。

（三）比赛场地交换

两局比赛过后，双方运动员交换场地进行后两局比赛。

（四）比赛得分

比赛以球最终停留的位置记分。最内圆区域记 5 分，中间圆区域记 3 分，最外圆区域记 1 分（压线按高分记）。5 球得分相加为本方一局得分。

（五）比赛胜负

冰蹴球比赛每 4 局为一场，累积得分多者为胜。4 局比赛后如出现平局，将进行点球决胜。点球时，双方各发一球，球中心点离场地得分区中心横线近者为胜。

（六）比赛中断

（1）因天气、照明或观众等特殊原因，使比赛中断，保留中断前比分及比赛时间。比赛恢复时，以原状态继续进行。

（2）因某队对裁判员判罚不满而引起的比赛中断，比赛中断时间超过3分钟未能按裁判员要求恢复比赛，视为罢赛，判该队为弃权。裁判组书面向大会反映，视情节给予相应处理。情节严重的可取消全部成绩和比赛资格。

（七）比赛暂停

比赛中，若参赛队需要暂停比赛，须由教练员或队长在本方取得发球权时向裁判员提出请求，经裁判员允许后方可暂停。每场比赛允许每队请求1次暂停，每次时间为1分钟。

（八）比赛弃权

比赛过程中凡出现下列任何一种情况均为弃权：

（1）运动员超过比赛预定开始时间5分钟未到场。

（2）运动员拒绝上场比赛超过5分钟。

五、违例与罚分（以下违例罚分均为对方加1分）

（一）发球违例

（1）发球时，球体一旦超出击发区界限，则可判定为发球一次；如未过限制线，按规则给对方加1分；如出界，视为发球出界。

（2）发球时，球未过本方限制线或越过对方限制线，应判对方加1分，比赛继续，不再重发球。发球先出界再越过对方限制线，算出界，不扣分。

（3）每局本方发出的第一球如撞击对方已发的第一球，须为对方加 1 分。

（4）裁判员下达发球口令后，运动员应在 15 秒以内完成发球，超时为对方加 1 分。

（5）运动员发球时未按规范动作，脚跟离地或以其他部位击发球，应为对方加 1 分。每场比赛因动作不规范被判罚三次后，从第四次起视为技术犯规，每次为对方加 3 分。

（二）其他违例

（1）运动员未经裁判员允许擅自进入场内。

（2）未按顺序或换人发球。

（3）严重影响比赛秩序的行为，可视其情况予以警告、罚分或取消比赛资格。

六、裁判人员及其职责

（一）裁判员

冰蹴球每场比赛有 4 名裁判员，其中 1 名主裁判、2 名副裁判和 1 名计分裁判。

（二）裁判员职责

裁判员工作的基本要求：严肃、认真、公正、准确。

（三）主裁判

主裁判是一场比赛的组织者，与其他裁判员密切合作，保证比赛顺利进行，对规则没有明文规定的问题及场上出现的情况，可依规则精神做出判罚或处理。

（1）以哨音和手势表示场上双方运动员的得分和犯规。

（2）有权对发生在场内场外的违反规则的行为做出宣判。在预定的比赛开始时间前 10 分钟开始行使权力直至比赛结束，比赛时间终了后，召集比赛双方队长在记录表上签字，主裁判签字后全场比赛结束。

（3）赛前召集双方队长选择发球权或场区。

（4）使球处于比赛状态。

（5）判罚运动员违例与犯规。

（6）允许替换运动员。

（7）确定比赛用球。

（四）副裁判

副裁判是主裁判的助手，应积极配合主裁判完成裁判任务。

（1）赛前检查比赛队运动员装备及参赛资格。

（2）协助主裁判判定犯规、违例或得分。

（五）记分裁判

（1）赛前从志愿者处获取双方教练填写的运动员登记表。

（2）按规则规定如实记录双方累积得分、双方犯规次数。

（3）记录双方上、下场情况（次数）。

（4）按规则规定操纵比赛计时钟。

（5）比赛开始前 3 分钟通知球队和裁判员。

（6）遇特殊情况发生使比赛中断，掌握中断时间。

（7）准确操作记分牌。

七、裁判员哨音、口令、手势、站位

（一）比赛开始

鸣哨，单臂伸直指向发球方。

（二）放球

运动员需在裁判员放球口令发出后，用手将球摆放在击发位置。

（三）发球

手势为单臂侧平举后手肘上屈 90°。

（四）违例

鸣哨，单臂斜上举指向违例一方。

（五）换人

两臂屈于胸前交叉。

（六）暂停

一手掌平伸于胸前，另一手食指触平伸手掌心，两手呈 T 形。

（七）站位

主裁判站在得分区场外中间位置（左边蓝方、右边红方）。两名副裁判分别站在主裁判对面的两侧击发区外。记分裁判站在主裁判对面的记分牌边。

第二节　冰蹴球（4 球方形场地）竞赛规则

冰蹴球比赛中红、蓝双方各有两人，双方运动员轮流蹴击，每名运动员蹴击一球。红方持有红色 1 号球、3 号球，蓝方持有蓝色 2 号球、4 号球。比赛开始后，每名运动员均须站在自己相对应点位上，未经裁判员允许，不得随意走动。

一、概念界定

（一）一轮次

比赛双方 4 人各蹴球一次。

（二）一局

比赛时间 4 分钟为一局。

（三）一回合

蹴击一次球为一回合。

二、赛制

冰蹴球比赛可设男双、女双、混双和团体四个小项比赛。其中团体比赛为六人制，包括男双、女双和混双。团体赛除领队、教练员外，可有一名替补运动员。目前冰蹴球（4球方形场地）竞赛规则没有设置单打比赛。

三、比赛场地和器材

（一）比赛场地

（1）场地：边长为10米的正方形，平坦光滑的冰面或仿真冰面。

（2）画线：线宽为5厘米。

（3）发球区：在场地四角，每角一个，为半径77厘米的扇形。

（4）发球有效区：场地中心直径为4米的圆形区域。

（5）红、蓝阵营：在场地两端，宽1米，长8米。

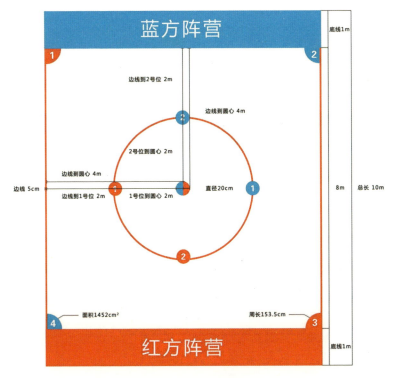

图 6-2　场地示意图

（二）比赛用球

比赛用球为半球形金属球，装有圆柱体金属底座。半球直径 12 厘米，底座直径 12.5 厘米、高 2.5 厘米。底座刻有回纹和祥云图案。球底镶嵌 5 颗万向珠。球重约 2 千克。比赛用球分红、蓝两种颜色，每种颜色 2 个球。

（三）专用器材

计时秒表 2 块、比赛哨 1 个、翻分牌 1 个、记录表若干、卷尺 1 个。

四、获胜方式

每局比赛为 4 分钟。4 分钟时，以最后一轮击球结束为比赛结束。

（1）4 分钟内，将对方同色两球都打进对方阵营则本局结束。

（2）4 分钟比赛结束时，本局得分高的队伍获胜。

（3）4 分钟比赛结束时，本局得分相同则加赛比发球（一轮），发球离中心点近者获胜。

（4）比赛可采用三局两胜制、五局三胜制。

五、发球

（1）比赛开始前，双方掷硬币确定红蓝双方。

（2）发球需将球发至场地中央圆形区域内，若三次未发进中央圆形区域内，则由裁判员将球依次（先 2 后 1 的原则）放置本方点位；若比赛双方都没有蹴进中央圆形区域内，则重新发球。

（3）发球后，球离中心点近的一方获得率先进攻权，若距离不明显可用卷尺测量。

（4）发球时，若将对方球击打出场地中央圆形区域，则由裁判员直接将对方球放置中心点上；若仅触及本方或对方球，并未将其打出出场地中央圆形区域，则比赛继续。

（5）发球时，若将本方球击打出场地中央圆形区域，同时发出的球也出中央圆形区域，则由裁判将被击打出的球放置本方1号点位上，发出的球放置本方2号点位靠近本方阵营的点位为2号点位上。

注：球静止时如果压线，则算界内球。

六、蹴击球

（1）每局比赛开始前，运动员可以更换击球号码，比赛开始后，运动员只能选择本方相对应号码球作为蹴击球，每局蹴击球不得更换。

（2）每局发球顺序按1、2、3、4，2、3、4、1，3、4、1、2……以此类推依次进攻。

（3）用本方球蹴击对方球并将对方球打入对方阵营，本方得2分，获得连击权一次，被打入的球本局遭淘汰。

（4）一回合攻击内，蹴击球时把对方球打回对方阵营，同时本方球出界，则击球有效，本方得2分，本方球回2号点位（若点位被占则平行于点位放置），对方得1分，无连蹴权。

（5）本方蹴击球时，本方两球同时出界，出界球被本方运动员平行摆放于本方2号点位，对方得2分。

（6）若将本方球打进本方阵营，则对方得2分，且进入本方阵营的球本局淘汰（乌龙球）。

（7）本方蹴击对方球时，本方球出边界，则对方得 1 分，并由裁判员将本方球放置本方 2 号点位（如本方球同时出界，则同时平行放在 2 号点位上）。

（8）本方蹴击对方球时，将对方球击打出边界，则由对方将出边界的球放置在中心圆形区域内任意位置，且对方得 1 分。

（9）本方蹴击对方球时，双方球同时出边界，判对方罚定点球，定点球算一次球权，对方得 1 分（定点球：对方球放置在中心点，本方球放置在 2 号点位）。

（10）一回合攻击内，击打时把对方球击打出界，同时本方球进入对方阵营，则判对方发定点球，对方得 1 分。

（11）任意一方蹴击球时未触及任意一方球，则判为空打，空打给对方加 1 分。

（12）若将本方球打进对方阵营，则视为出界，由裁判员将球放置本方 2 号点位（若点位被占，则平行于点位放置），且对方得 1 分。

（13）把对方球打入本方阵营算出界，被打入球，则获得在中央圆形区域任意位置放置机会，且对方得 1 分。

（14）本方蹴击球三回合内必须触碰对方球一次，若本方三回合内蹴击球都未触碰到对方球，则给对方加 2 分。

七、违例球

（1）准备蹴球时若使球发生位移，为有效击球一次。

（2）每轮蹴击球思考准备时间为 15 秒，15 秒未做出有效蹴击动作判违例，本轮失去击球权。

（3）运动员错误使用本方队友球蹴击球，判违例，当局直接淘汰错误球（例如 1 号运动员使用 3 号球蹴击，3 号球直接淘汰）。

（4）比赛过程中，运动员不小心触碰到除自己外其他任意一球，当局淘汰该运动员号码球。

八、主裁判常用口令与手势

（一）主裁判常用口令

（1）开球前检查：请运动员检查用球与袖标号码是否对应。

（2）准备开球：比赛开始，运动员依次发球至中心圆环内，1号运动员发球、2 号运动员发球……

（3）发球进入中心圆圈：如"1 号运动员发球有效"。

（4）发球未进入中心圆圈：如"2 号运动员发球无效，2 号运动员第 2 次发球"。

（5）发球结束确立优先进攻权：如"1 号球距离中心点位最近，1 号运动员先进攻"。

（6）空蹴球：如"红（蓝）方空蹴，蓝（红）方得 1 分"。

（7）一球主动出界：如"红（蓝）方出界，蓝（红）方得 1 分，红（蓝）球放入红（蓝）方 2 号点位"。

（8）一球被击打出界：如"红（蓝）方将蓝（红）方击打出界，蓝（红）方得 1 分，蓝（红）方圆圈内自由球"。

（9）一球被击入本方阵营：如"红（蓝）方将蓝（红）方击入阵营，蓝（红）方2号（1号）球淘汰，红（蓝）方得2分，红（蓝）方连蹴1次"。

（10）乌龙球：如"红（蓝）方乌龙球，红（蓝）方1号（2号）球淘汰，蓝（红）方得2分"。

（11）使用错误号码球：如"1号（2号）运动员错误使用球号"。

（12）连续未击中对方球：如"红（蓝）方连续第2次蹴击，未接触蓝（红）方球，蓝（红）方得2分"。

（13）蹴击缓慢：如"红（蓝）方运动员注意时间，请迅速蹴击"。

（14）单局比赛结束：如"比赛时间到，第一局比赛成绩，红方3比蓝方2，比赛结果红方胜"。

（15）全场比赛结束：如"全场比赛结束，红方3比蓝方2，比赛结果红方胜"。

（二）主裁判常用手势

红色队伍判罚屈伸左侧手臂，蓝色队伍判罚屈伸右侧手臂。

（1）发球：鸣哨开始，单臂伸直指向发球队员。

（2）无效球：主裁判单臂侧平举，前臂从胸前向外打开。

（3）得分：主裁判单臂向上举，并用手指比出相应得分。

（4）出界：主裁判单臂上举，五指平伸，掌心向前。

（5）违例球：主裁判单臂上举，上举手握拳。

（6）连蹴：主裁判单臂上举，上举手握拳，大拇指向上。

第三节　冰蹴球（6 球方形场地）竞赛规则

一、场地器材与项目设置

（一）场地

1. 规格

长 10 米，宽 10 米的正方形场地。

2. 画线

场地边线的线宽不得超过 5 厘米，边线及各条线段均为场内或各区域内的一部分。

3. 陵区

场地四周均为陵区，东侧和西侧为红陵，南侧和北侧为蓝陵。

4. 中心区

场地中央设半径为 2 米的圆形为中心区。

5. 发球区

场地东南陵区和西北陵区接触的半径为 20 厘米的扇形区域为发球区，东南陵区扇形角为蓝方发球区，西北陵区扇形角为红方发球区。红、蓝双方交替依次进行发球。

（二）器材

1.比赛用球

比赛用球为半球型塑料球，装有圆柱体金属底座。半球直径12厘米。底座直径13厘米，高2厘米。比赛用球分为红、蓝两种颜色。

2.号码布

在比赛时，运动员必须佩戴号码布来区分发球顺序。号码布由比赛组织者统一提供，尺寸大小有统一标准。

3.米尺

在比赛过程中，裁判员需要用米尺来确定运动员进攻距离。

4.运动员装备

（1）上场运动员须佩戴比赛统一号码布。

（2）号码布按1、2、3、4排列。号码宽20厘米，高14厘米。

（3）运动员必须穿着样式、颜色统一的运动服。

（4）运动员必须穿平底的运动鞋。

（5）每局交换发球顺序的时候交换号码布。

（三）项目设置

正式的冰蹴球比赛一般设有5个项目，分别是：男子单蹴、男子双蹴、女子单蹴、女子双蹴和混合双蹴。

（一）计胜方法

（1）一局比赛包含上、下半场，以上、下半场比赛的最后总得分来决定胜负。

（2）上、下半场各 20 分，以先达到 20 分者为胜。

（3）比赛中，如果出现 20 分或 20 分以上比分相等时，比赛继续进行，直至出现 2 分以上分差，终止续赛，以球的止点计分判定胜负。

（4）如果下半场比赛结束时，双方得分相等，则比赛继续进行，以先得分者为胜。

（5）在比赛中，胜一局积 2 分，负一局积 1 分，弃权为 0 分。

（6）如遇一方弃权，则判弃权方为 0∶40 告负。

（7）比赛中罢赛超过 5 分钟，取消该选手（队）全部比赛成绩。

（二）名次判定

（1）按全部比赛结束时积分的多少进行名次排列，积分多者名次列前。

（2）如果遇到两个队或者两个队以上的积分相等时，则按相互间的净胜分确定名次，净胜分多者名次列前。

（3）如果两队的净胜分再相等，则按两队在整个比赛中的净胜分来确定名次，总净胜分多者名次列前。

（4）如果两队的总净胜分仍然相等，则采用抽签的形式来确定最后的名次。

三、比赛通则

（一）比赛办法

（1）每场比赛分上、下两局，局间休息 3 分钟。

（2）20 分为一局，先达 20 分者为胜。

（3）如出现比分相等，继续比赛，直至赛出胜负。

（4）每轮每人有两次蹴球机会，第一次可调整角度方向，第二次要求必须击中对方球，否则对方加 1 分。

（二）发球

（1）在主裁判主持下，由各队队长挑边来决定发球的顺序，挑边胜者可选择任何一种颜色的球，即决定用红色球，还是用蓝色球。第二局比赛时要交换发球权，即改变发球顺序。

（2）场上的运动员要佩戴标有红底或蓝底的号码布，1、3 号为红色方，2、4 号为蓝色方，运动员佩戴的号码布颜色与所持球的颜色必须相符，开局时按先红后蓝的顺序发球。单蹴比赛时，运动员仅分 1 号和 2 号。

（3）首轮发球前，每名运动员均应在裁判员的口令下将球放在自己的同号区内，待令蹴球。球一经放置，不得再移动。

（4）发球时，球体必须触及中心区圆线或穿过中心区，否则重新发球且给对方加 1 分。

（5）发球时，球体不得触及场内任何球，否则给对方加 1 分。

（6）经发球进入场内的球为有效球，有进攻权和被进攻权，应按规则计算得失分。

（7）发球同时出现两种不同情况的犯规或违例时，以此球结束时最高得分给对方加分，其他不再累计加分。

（三）本球、目标球

（1）本球，是指蹴动的球，或进攻方蹴出的主动球。

（2）目标球，是指本球所蹴击的球。

（四）主动得分

（1）本球将对方球击入对方陵区得 2 分。

（2）比赛过程中遇到同时将一个以上的球击入陵区，则按事实累计得分。

（五）被动得分

1. 不允许运动员继续蹴球情况

如遇下列情况，在由对方得分后，不允许运动员继续蹴球。

（1）发球没有触及或穿过中心区，即发球违例，重新发球且给对方加 1 分。

（2）第二次蹴球时未向对方球发动进攻造成碰球，给对方加 1 分。

（3）发球直接或间接触及场上任何一球时，要将被触及的球复位，且给对方加 1 分。

（4）蹴击球后又碰到球或是球反弹回来触到自己身体的任何部位，给对方加 1 分。

（5）在比赛过程中除了正常的蹴球进攻外，用身体或其他物体触及或阻挡场内任何一球，给对方加 1 分。

（6）主动或被动进入对方陵区，按所入陵区给对方加分，同时重新发球，且取消本轮蹴球机会。

2. 允许运动员重新按规定蹴球情况

如遇下列情况，在由对方得分后，允许运动员重新按规定蹴球。

（1）未经裁判员允许，运动员擅自进入场内者，对方得1分。

（2）裁判员还未发出蹴球口令，运动员擅自蹴球，对方得1分。

（3）运动员未能在规定时间15秒内按时完成蹴球，对方得1分。

（4）运动员用声音或其他方式间接影响对方蹴球，对方得1分。

（5）参赛队未经裁判员同意就擅自更换人次。如：双蹴时同方运动员顺序错误，对方得 1 分。

（6）未经裁判员同意，运动员擅自更换比赛用球。如：用错号或用错对方球，对方得 1 分。

（7）运动员未按规则蹴击球，如：处置球的先后顺序错误、放错发球区等，对方得 1 分。

（8）运动员不满裁判员的判决而影响比赛的正常进行，对方得 1 分。

（9）运动员在将球放进发球区的过程中，放定球后又触及球，则应重新放置该球，且对方得 1 分。

（10）抽签后已确定先后发球权。裁判员发出放球口令，运动员未按时完成放球，对方得1分。

（11）比赛中，运动员非有意触及场内任何一球，对方得1分。

（六）累计得分

（1）运动员发球或蹴球时出现犯规或违例而随之击到场上任何一球，只对犯规或违例进行判罚，给对方加分，其后情况不再累计。

（2）运动员在比赛过程中故意用身体阻挡，或借助外力破坏对方正常运行的球，或故意触及球以减少对方得分而取得利益，将按当时可能出现的最高得分，给对方加分。

（3）如果在比赛过程中两种或两种以上得失分情况同时出现，那么按事实累计双方的得失分。

（七）暂停

（1）比赛过程中，若参赛队需要暂停，须由教练员向裁判员提出请求，经裁判员允许后，在本方取得蹴球权时方可执行暂停。

（2）每一局比赛每队只能暂停1次，暂停时间1分钟。暂停时可以进行技术指导，但不可以擅自更换运动员。

（3）暂停时间内，运动员不能出比赛场地（以挡板为界），教练员不能进场指导。

（4）若场上运动员发生意外，该队可要求暂停比赛，但时间不得超过5分钟。

（5）在比赛过程中遇到难以判别的球或其他意外情况需做处理

时，裁判长随时可以要求暂停。

四、弃权与申诉

（一）弃权

（1）超过比赛时间 5 分钟未到场。

（2）因场上运动员发生意外，暂停比赛时间超过 5 分钟。

（3）拒绝上场比赛超过 5 分钟。

（二）申诉

（1）比赛中如运动员对裁判员的判罚有异议，应及时向裁判员提出，但态度要平静而有礼貌。

（2）参赛运动员若对比赛结果有异议，可在比赛结束后 2 小时内，向仲裁委员会提出书面申诉意见，并同时交纳申诉费。

（3）仲裁委员会根据仲裁工作程序，对申诉的内容进行调查和审理。如果申诉方胜诉，则退回申诉费。

（4）仲裁委员会的判决为终审裁决。

五、裁判人员及其职责

（一）裁判设置

（1）比赛设裁判长 1 人，副裁判长 1～2 人，助理人员若干。

（2）每局比赛设裁判员 4 人，其中主裁判 1 人，执场裁判 1 人，记录员 1 人，记分员 1 人。

民族传统体育系列教材——冰蹴球运动

（3）主裁判对场上出现的异议情况，应及时征询记录员意见，按事实做出最后判决。

（4）比赛中主裁判对运动员、教练员及随队人员违背比赛规程、规则或对比赛不利的行为可行使处罚权利，如果被处罚人员仍坚持其不正当行为，而影响比赛正常进行，则可将其罚出场外。若因被罚出场导致比赛不能继续，则判该队罢赛。

（二）裁判长职责

（1）组织召开裁判组工作会议。

（2）参加教练员联席会议。

（3）负责检查场地器材，安排竞赛日程和裁判员及助理人员的分工。

（4）全面组织和领导裁判员的各项工作。

（5）根据规则精神解决比赛中出现的各种问题。

（6）主持召开裁判员工作总结会议。

（三）副裁判长职责

（1）协助裁判长组织学习与实习。

（2）组织安排发放裁判员用品，检查记录台的准备工作。

（3）协助裁判长检查场地、器材，做好裁判员比赛前的后勤工作。

（4）组织运动员入场。

（5）根据比赛场地的分布，负责其中一个比赛场地的比赛监督工作，对相关技术问题予以解决。

（四）主裁判职责

（1）检查运动员是否佩戴号码布，服装、鞋子是否符合比赛要求等。

（2）组织双方运动员抽签，确定发球顺序和运动员用球，并在比赛过程中监督运动员的用球是否正确。

（3）宣布比赛开始和结束。

（4）判断是否犯规，宣布得分。

（5）宣布弃权、罢赛、暂停、中断比赛、比赛结果。

（6）判断球体是否出界。

（7）确认球的原始位置。

（8）判断进攻方向与距离是否符合规则。

（9）在本场比赛记录表上签字。

（五）记录员职责

（1）赛前登记双方运动员的姓名、号码，并进行核对。

（2）比赛中，记录双方运动员每次击球所得分数。

（3）记录暂停、换人（暂停记 T，换人记 S）。

（4）比赛结束核对比赛记录内容无误后，将记录表交主裁判签字并交裁判长签字。

（5）负责记录运动员完成动作的时间。

（6）协助主裁判执行工作。

（六）记分员职责

（1）翻记分牌。

（2）随时报比分。

（3）协助记录员工作。

（4）管理赛场周边环境，确保比赛顺利进行。

（5）管理场地器材。

（6）协助主裁判执行工作。

第四节　裁判法

　　裁判法是裁判员实际工作指导准则。它能够帮助裁判员对比赛中的变化做出正确、及时的判断和处理违反规则的各种情况，使裁判员对比赛做出正确的判罚。该裁判法介绍了裁判员应具备的基本素质和工作程序，有助于裁判员更好地完成执法任务，保证比赛圆满顺利地进行。

一、裁判员应具备的基本素质

　　优秀的裁判员应具备较高的思想素质和业务素质。做好裁判工作有助于运动员树立遵守竞赛规则、公平竞争的意识，对提高比赛的水平具有十分重要的意义。裁判员应当不断地学习、研究，透彻地理解规则，使自己执法的比赛更加精彩，使每一场比赛都能在正确的精神指导下进行。因此，裁判员应具备以下几种素质。

（1）严格遵守严肃、认真、公正、准确的基本原则，加强裁判员自身的职业修养，保证比赛安全、顺利地进行。

（2）裁判员要具备良好的心理素质，对比赛要保持一种不带任何感情色彩的冷静态度。任何时候都应集中精力，以确保比赛以外的任何事情都不会分散自己的注意力。

（3）裁判员要认真学习规则、裁判法，精通规则内容，掌握蹴球运动规律。对任何违背规则精神和体育道德的行为都应给予严厉的判罚，使运动员认识到裁判员执行规则的坚决性。

（4）裁判员要具备敏锐的观察能力、快速的判断能力、准确运用规则的能力、妥善处理问题的能力。

（5）裁判员自身要加强体能训练，提高身体素质，以适应比赛的需要。

二、裁判员构成及工作程序与要求

（一）裁判员构成

（1）裁判长 1 人，副裁判长 1 ~ 2 人。

（2）每场比赛由 1 名裁判员担任主裁判工作。另设有记录员、记分员、执场裁判员各 1 人共同完成比赛的裁判工作。

（3）裁判人员必须在赛前 30 分钟到达比赛场地，并开始行使其权利。比赛结束，主裁判在记录表上签字后，其权利即告结束。

（二）工作程序与要求

1. 裁判长

比赛前的工作与要求：

（1）组织召开裁判组工作会议：为了完成好裁判任务，裁判长应在比赛前组织召开全体裁判员工作会议。会议内容主要包括以下几点。

①学习大会有关文件，加强裁判员的思想教育。

②组织裁判员学习竞赛规程与规则，统一判罚尺度。

③解决各种疑难问题。

（2）参加教练员联席会议：为使比赛顺利进行，裁判长应在比赛前参加由赛会组织召开的教练员联席会议，并向教练员讲明临场判罚尺度、竞赛执法要求及注意事项。

（3）负责检查场地器材，安排竞赛日程和裁判员及助理人员的分工。

（4）组织裁判员赛前实习。

比赛中的工作与要求：

（1）全面组织和领导裁判的各项工作。

（2）根据规则的精神解决比赛中出现的各种问题。

比赛结束后的工作与要求：

主持召开裁判工作总结会议，认真总结经验，帮助裁判员和助理人员提高业务水平。在赛程的一定阶段召集全体裁判员会议，其内容如下。

（1）评价裁判员执法过程中的心理状态。

（2）评价裁判员执行规则情况和控制引导比赛的能力。

（3）评价裁判员关键判罚的准确性。

（4）评价裁判员相互配合情况。

（5）分析、讨论典型特殊判例。

（6）宣布重大问题处理意见的报告。

（7）布置下一阶段的任务和具体要求。

2. 副裁判长

比赛前的工作与要求：

（1）协助裁判长组织学习与实习。

（2）组织安排发放裁判员用品、检查记录台的准备工作。

（3）协助裁判长检查场地、器材，做好比赛的后勤工作。

（4）组织运动员入场。按冰蹴球比赛要求和特点，在每个单元（每半天）比赛开始前要组织运动员统一进场，到达各自的赛场。入场的一般顺序为裁判员、记录员、记分员、运动员。

比赛中的工作与要求：

根据比赛场地的分布，负责部分场地的比赛监督工作，对相关技术问题予以解决。

比赛后的工作与要求：

总结经验，协助裁判长做好善后工作。

3. 主裁判

比赛前的工作与要求：

（1）准备好裁判员的服装和裁判用具：着装要求为服装统一、整洁，颜色有别于比赛队。比赛用具为记录用笔、记录卡、挑边器（硬币）。

（2）复查场地、器材：场地挡板应设置在距场地边线 2 米处，挡板与边线之间不得有任何物品。比赛用球的重量、规格、质地、颜色、标号必须符合规则规定。检查记录表、记分牌和计时器等器材。

（3）检查运动员装备：重点检查运动员的鞋底、着装以及号码布的佩戴等情况是否符合规则要求。对不合格者，令其改正，否则裁判员有权禁止该运动员参加比赛。

（4）组织挑边：进入赛场后，主裁判应马上组织双方运动员挑边。在执场裁判和双方运动员都在场的情况下，用抛硬币的形式挑边。选中方是先攻还是后攻，要用语言明确说出。挑边后主裁判指挥记分员和记录员让双方运动员佩戴好号码布。

（5）热身练习：佩戴好号码布后，允许运动员进行 2 ~ 3 分钟的热身练习，可以使用比赛用球。

比赛中的工作与要求：

主裁判全面主持比赛场上的裁判工作，有权决定涉及比赛的一切问题，包括规则中没有涉及的问题。执法时，应看清事实，依据规则准确判罚。

比赛结束后的工作与要求：

（1）立即宣布全场比赛结束。

（2）收回比赛用球。

（3）认真检查记录表，并在记录表上签字。

（4）填写"成绩报告单"并请裁判长签字后上交组委会。

（5）对比赛中发生的特殊情况，要在《冰蹴球比赛记录表》背面的"比赛情况报告"栏中注明。

（6）认真及时地总结临场工作。

4. 执场裁判

比赛前的工作及要求：

（1）协助主裁判、记录员、记分员准备好比赛用品。

（2）协助主裁判检查场地设施及比赛器材。

比赛中的工作及要求：

（1）在场上主裁判遇特殊情况而无法继续执裁时，替代场上主裁判工作。

（2）指导记录员、记分员的工作。

（3）负责管理教练席和场外周边的秩序。

比赛结束后的工作及要求：

组织记录员、记分员完成赛后的各项工作。

5. 记录员

比赛前的工作与要求：

（1）准备好比赛所需用具，如比赛用球、号码、米尺、挑边器、计时器、记录表格、笔等。

（2）认真填写《冰蹴球比赛记录表》。

（3）核对比赛运动员是否正确，并通知主裁判。

（4）协助主裁判进行挑边工作。

比赛中的工作与要求：

（1）准确填写《冰蹴球比赛记录表》中双方运动员的得分、犯规等有关情况。

（2）随时向场上主裁判提供比赛成绩。

（3）运动员蹴球时，协助主裁判观察场上情况，重点关注目标球的变化。如果主裁判出现明显的错、漏、反判时，可在下一个运动员蹴球前主动提醒主裁判。

比赛结束后的工作与要求：

（1）及时统计出该场比赛结果，并向场上主裁判报告。

（2）整理记录表并签字，同时请裁判长、主裁判、记分员签字。

6. 记分员

比赛前的工作与要求：

（1）准备好比赛所需用具——记分牌。

（2）协助主裁判进行挑边工作。

比赛中的工作与要求：

（1）在比赛中，应配合主裁判注意观察场上情况，如果主裁判出现明显的错、漏、反判时，可在下一个运动员蹴球前主动提醒主裁判。

（2）根据比赛情况，随时翻换记分牌。

比赛结束后的工作与要求：

（1）比赛结束时，宣告比赛成绩。

（2）在《冰蹴球比赛记录表》上签字。

三、主裁判的工作方法

（一）主裁判的站位方法

（1）主裁判应选位于运动员的侧面，以既能观察到场上运动员动作、球的原始位置和目标球，又不干扰攻守双方为宜。

（2）主裁判的位置不是固定的，应随着运动员的动作和球的滚动方向随时变化。其原则是尽可能面向记录台，使运动员及球处于主裁判与记录员、记分员之间。宣判时应面向记录台，站稳后再进行。

（二）主裁判的技术处理

1. 放球

在运动员热身练习完毕，将球交到记录台后，主裁判正式进入临场执法阶段。从他发出的第一个口令"放球"开始，双方已进入正式比赛。主裁判应根据场上具体情况，适时发出放球的信号。

比赛进行中如比赛用球出现自然破裂或其他损坏，主裁判应立刻停止比赛，迅速更换用球，将原球、目标球和一切被触及的球放回原处，之后立即恢复比赛。若在触到目标球前本球已损坏，此球导致的任何得分均视为无效。比赛用球是否符合规定以及是否需要更换，以主裁判审定为准。

2. 发球

（1）发球时，如遇下列情况应重新发球。

①主裁判认为由于外界干扰使运动员不能正常发球。

②由于场地器材原因而使运动员不能正常发球。

③由于主裁判的失误而影响了运动员发球。

（2）无论单打或双打，主裁判都应在运动员到发球区放好球后，再发出发球信号。

（3）记录员应在主裁判发出发球信号后开始计时。

（4）比赛开始的首轮发球应由裁判员先叫号。如："X 号发球。"

（5）开球或发球，以球是否已动为准。

3. 蹴击球

（1）由主裁判认定球前进方向是否具有进攻性。

（2）主裁判对自己的误判应予以纠正。

（3）主裁判有权在外界人员进场干扰比赛时暂停、中止或推迟比赛。

（4）主裁判应在每次球运行完全停止后再进行宣判。

（5）得分时，主裁判应报出"X 方得 X 分"。

（6）运动员用错球主要有如下三种情况。

①用对方球。

②用错本方球。

③未按规则蹴击球，如人次顺序错误、处置球先后的顺序错误、放错发球区等，均应在判罚得分后，将所有相关球回位，允许运动员重新按规则蹴击球。

（8）第二次蹴击球犯规，如：没有进攻碰球。

（9）得分或被动得分的判罚只用于场上参赛运动员。

（10）遇外界干扰蹴击球时，主裁判有权决定是否让运动员重新蹴击球。

（11）球需主裁判复位的几种情况如下。

①发球违例。

②发球时击中对方场内的球。

③犯规在前的蹴击球。

4. 出界球

（1）判断球是否出界，应以球的着地点为准。球的着地点压到边线任何一点均为界内球，否则视为界外球。

（2）主裁判认为由于地形、风力、自然震动等自然因素影响使运动员蹴出的球滚出界或重新滚回界内，应视为一次性蹴击球的正常结果，须在球完全停止后再做判罚。做出判罚后，再出现上述情况，则将球复位到判罚结束时的位置。

（3）当目标球被击出界后，主裁判须先报得分，然后再报"X号球放入X区"或"X号发球"。

（4）凡触及场外挡板、人员或任何其他物体而弹回界内的球，视为界外球。

5. 主动得分与被动得分

（1）主裁判报得分时应同时使用手势和口令两种信号，皆应清晰明确。

（2）遇双方得分的情况，主裁判应先报攻方得分，后报守方得分，其口令为"X方得X分，Y方得Y分"。

（3）如遇运动员在比赛中故意用身体或借助外力破坏对方正

在行进的球，或故意触及球而取得得分利益者，主裁判有权根据当时场上实际情况，如：所有目标球的位置、区域、方向等，判断可能出现的最高得分，做出判罚，由对方被动得分。此条的目的是为避免运动员出现不正当竞争，而对于运动员无意识的失误，此条不适用。

（4）如果两种犯规或违例同时出现，对较高的被动得分进行处罚，不再累计较低的被动得分，如果两种被动得分数相等，也只处罚其中一种。

（5）如果两种犯规或违例先后出现，只对第一个犯规或违例判罚被动得分，以后的得分不再计算。

6. 主裁判的口令及手势

（1）主裁判常用口令

① "各队放球"用于开球前运动员已就位于各发球区时。

② "比赛开始，X方X号发球""发球违例，Y方得Y分""发球出界，Y方得Y分，X号重新发球"。

③ "X方蹴球得X分""X号球发球"。

④ "蹴击球违例，X方得X分""X方球出界，Y方得Y分"。

⑤ "X方超时，Y方得Y分""X方犯规，Y方得Y分"。

⑥ "X方请求暂停""暂停时间到"。

⑦ "X方罢赛超过5分钟，比赛结束"。

⑧ "×××要求暂停"，用于裁判员、记录员、记分员需要暂停。

⑨ "X局比赛结束，X方X分，Y方Y分，比赛结果X方胜"。

⑩ "全场比赛结束，X方X分，Y方Y分，比赛结果X方胜"。

（2）主裁判常用手势

①两臂侧平举，掌心向前，同时报出"比赛开始"。

②左（右）臂侧平举、指向某一个号区，同时报出"X号发球"。

③报比分，面向记录台，左臂上举，用手指表示出主动方得几分。右臂上举，用手指表示出被动方得几分。

④左臂前平举，手掌上翘，同时报出"同意X方回避"。

⑤左臂在胸前弯曲，手平伸，掌心向下，右手伸出一手指，指向掌心同时报出"X方请求暂停"。

⑥单臂上举，手握拳，同时报出"X局比赛结束"或"全场比赛结束"。

⑦得分无效：两臂体前交叉摆动。

附录

冰蹴球运动当前开展情况

一、条形场地开展情况

（一）开展培训情况

2016 年以来，北京市民族传统体育协会在全市范围内针对不同群体开展多轮次的冰蹴球（条形场地）专项培训活动。受众对象既涵盖全市多个城区的中、小学校，又包括各级社会体育指导员，还包括离退休老干部和残疾人群体。除专项培训外，冰蹴球项目和其他民族传统体育项目在民族体育进社区活动中，还开展过多达数十次的面向街道和社区群众的体验培训活动，走进了北京市十六辖区大大小小的数十个街道和社区，累计培训 100 余场、3 万人次。培训对象反响热烈，特别是丰台区芳城园小学、第十八中学（丰台区）、石景山区苹果园第二小学等学校，已将冰蹴球（条形场地）运动纳入本校"课后 330 服务"计划，深受广大师生与家长的欢迎。

（二）组织竞赛情况

2016 年以来，北京市民族传统体育协会在开展冰蹴球（条形场地）培训的同时，积极发挥自身优势，组织开展包括全国邀请赛、京津冀邀请赛、北京市挑战赛、北京市对抗赛，以及大众冰雪季在内的各级各类冰蹴球（条形场地）比赛和交流活动，参赛人员达 5 千余人。经过多方不懈地努力，冰蹴球（条形场地）现已成为北京市民族传统体育运动会和北京市冬季运动会正式竞赛项目。北京冰蹴球队参加了 2019 年全国民族运动会表演项目的比赛，荣获二等奖。

（三）交流宣传情况

北京市民族传统体育协会在组织冰蹴球（条形场地）培训和比赛的同时，积极做好宣传、推广与交流工作。2016年以来，冰蹴球（条形场地）先后亮相西城、丰台、朝阳、石景山等城区和街道的运动会，并参与北京冬奥会重要时间节点庆祝仪式、中国体育文化博览会、北京国际冬季运动博览会、大运河文化非遗展，以及中国国际服务贸易交易会等大型商贸文化活动，累计参与体验人数达1万余人次。与此同时，北京市民族传统体育协会还通过北京体育频道"快乐健康一箩筐"栏目和北京体育广播"1025动生活"栏目积极宣传、普及冰蹴球（条形场地）运动。2017年4月，冰蹴球（条形场地）运动的基本知识、竞赛规则、比赛场地与器材等资料与装备被北京奥运博物馆收藏，并由北京市文物局颁发收藏证书，这是冰蹴球（条形场地）发展史上具有里程碑意义的重要事件。

（四）器材研发情况

北京市民族传统体育协会经过实践探索与不懈努力，研发出一套完整的竞赛器材，包括比赛场地及比赛用球（见图1）。比赛场地和比赛用球分别于2016年4月和2016年8月被国家知识产权局授予外观设计专利证书，成为北京市民族传统体育运动会和北京市冬季运动会冰蹴球（条形场地）比赛专用器材。

图 1　冰蹴球（条形场地）比赛用球

　　考虑到推广工作的经济性和冬季浇冰工作的便利性，在专用（仿冰面）比赛场地的基础上，北京市民族传统体育协会又研发出了水磨石和网眼布喷绘两种不同材质的比赛场地，可分别用于校园推广和冬季冰面场地。这样一来，仿冰面、水磨石和网眼布喷绘三种材质的比赛场地，能够满足不同季节、不同环境对冰蹴球场地的需求，大大节约了推广成本，增加了受众群体。

二、方形场地开展情况

（一）开展培训情况

　　2016 年以来，西城区体育局在全市范围内广泛开展冰蹴球（4

球方形场地）进社区、进机关、进企业、进校园等"四进"培训活动，累计培训 160 余场，2 万余人次。其中西长安街街道、展览路街道、什刹海街道，及白纸坊街道已将冰蹴球（4 球方形场地）作为社区体育比赛的常设项目之一；北京第二实验小学白云路分校、黄城根小学后广平校区、垂杨柳中心小学，及金顶街第二小学已将冰蹴球（4 球方形场地）纳入本校"课后 330 服务"计划。同时还积极开展各级社会指导员、北京冬季运动会教练员和裁判员冰蹴球（4 球方形场地）项目培训，累计培训 450 余人次，培训效果好，深受群众欢迎。

（二）组织竞赛情况

2016 年以来，西城区体育局以什刹海冰场为依托，每年定期举办京津冀冰蹴球邀请赛、西城区冰蹴球邀请赛、传统冰雪项目运动会、青少年冰蹴球邀请赛、残疾人冰雪项目体验周等各级各类冰蹴球（4 球方形场地）比赛和交流活动，累计约 1.94 万人参与。经过多方不懈努力，冰蹴球（4 球方形场地）运动现已成为北京市冬季运动会正式竞赛项目，朝阳区冰上运动会、社区冬奥会竞赛项目。

（三）交流宣传情况

北京市西城区体育局在开展冰蹴球（4 球方形场地）培训和比赛的同时，还通过多种渠道，采取多种形式来展示、宣传我国民族体育项目冰蹴球（4 球方形场地）的文化内涵与时代魅力，吸引更多人群参与其中。如应邀参加各级各类体育大会、体育博览会、体育文化节、冰雪大会、京交会、大众冰雪季、冰雪文化论坛、冬奥综艺节目、冬奥主办城市传统冰雪项目体验等活动，累计受众约 1.4 万人。纪录片《踏蹴冰雪梦》《欢乐冰蹴球》和教学片《冰蹴球》，分别在北京电视台和优酷体育网络平台播放。《欢乐冰蹴球》还入选 2019 年第三季度国家广电总局优秀纪录片，被北京市委宣传部带到欧洲广泛宣传，扩大了受众面，提高了影响力。邀请残障人士参与冰蹴球运动助力北京冬奥会的事迹，被中央电视台作为新闻素材作了特别报道。

2016 年 6 月，冰蹴球（4 球方形场地）通过了中华人民共和国国家知识产权局发明专利的认定。2017 年 5 月，"冰蹴球项目"被列入西城区非物质文化遗产名录。2021 年 12 月，"冰蹴球项目"被授予"中华体育文化民俗民间优秀项目"荣誉称号。这些成就与荣誉的取得，对冰蹴球（4 球方形场地）运动的发展具有重要的历史意义和现实价值。

（四）器材研发情况

北京市西城区体育局和西城区冰蹴球协会经过长期实践与探索，陆续研发出了专用仿冰面（方形）比赛场地和五代冰蹴球器材。

第一代冰蹴球为半球形，整个球体分为球身和底盘两部分。球身材质为树脂，底盘为钢质，整体重量较轻。球身分为红蓝两色，只能在冰面上进行比赛，不适合普及推广和日常训练。

第二代冰蹴球在外形、材质和颜色上没有变化，只是在底盘下面加装了 5 个万向珠，从而解决了冰蹴球受冰面局限的问题，可以适应不同场地开展训练与比赛。5 个万向珠也象征着奥运五环，代表着地球上的五大洲，寓意把中国传统冰雪体育项目推广到全世界。

第三代冰蹴球在外形和材质上进行了变革。球体略缩小，由半球形变为覆钵形，球身由实心变为空心，更接近传统冰蹴球使用"盖火"的样式，降低了球的重心。球身和底盘均使用不锈钢材质，球体的重量有所增加。球身颜色为不锈钢银白色配红、蓝两色号码。第三代冰蹴球因低重心和较重的质量提高了在场地中运行的稳定性，但球身颜色没有明显区分红、蓝双方，容易造成裁判和运动员的误判、误踢。

第四代冰蹴球在第三代的基础上进行了改良。球身喷涂红、蓝两色，中空的球身内放置了金属碰珠。改良后，使蹴击更容易，不易误判、误踢，球体互相撞击后金属碰珠可以发出清脆的响声，增添了运动的乐趣。

第五代冰蹴球秉承"民族的才是世界的"的理念，在底盘的上面和侧面分别增加了中华传统纹饰"回纹"与"祥云纹"，使得冰蹴球的外观更加美观，更具中国特色。第五代冰蹴球于2018年4月被国家知识产权局授予"发明专利"证书，2022年5月被国家知识产权局授予"外观设计专利"证书。见图2、图3。

图2 五代冰蹴球（方形场地）比赛用球演化

图3 第五代冰蹴球（方形场地）比赛用球

参考文献

［1］张丽丽.蹴球运动［M］.北京：北京体育大学出版社，2015.

［2］田麦久.运动训练学［M］.北京：人民体育出版社，2000.

［3］《民族传统体育100例》编委会.民族传统体育100例［M］.北京：北京体育大学出版社，2006.

［4］盛琦，丁志明.中国体育风俗［M］//张丽丽.民族传统体育系列教材蹴球运动.北京：北京体育大学出版社，2014：5.

［5］王其慧.中外体育史［M］//张丽丽.民族传统体育系列教材蹴球运动.北京：北京体育大学出版社，2014：5.

［6］国家体委体育文史工作委员会，中国体育史编委会.中国古代体育史［M］//张丽丽.民族传统体育系列教材蹴球运动.北京：北京体育大学出版社，2014：5.

［7］于敏中.日下旧闻考［M］.北京：北京古籍出版社，1985.

［8］刘侗，于奕正.帝京景物略［M］.北京：北京古籍出版社，1983.

［9］富察敦崇.燕京岁时记［M］.北京：北京古籍出版社，1981.

［10］曹雪芹.红楼梦［M］.北京：人民文学出版社，1996.

［11］佚名绘.北京民间风俗百图［M］.北京：北京图书馆出版社，2003.

［12］中共中央宣传部.习近平总书记系列重要讲话读本（2016年版）［M］.北京：学习出版社，人民出版社，2016.

［13］田麦久.运动训练学［M］.北京：人民体育出版社，2008.

后记

冰蹴球运动是在赵书先生的大力倡导和支持下，由北京市民族传统体育协会、北京市西城区体育局和北京体育大学三家单位联合挖掘、整理、创新、实践而成的新时代民族传统体育项目。

在 2014 年 8 月至 2022 年 7 月这 8 年的时间里，相关单位和人员做出了巨大努力，取得了丰硕成果，得到了社会各界的广泛认可与关注。《冰蹴球运动》这本教材能够得以顺利完稿出版，凝聚了所有人的心血，这是全体人员共同努力的成果体现。

特别感谢赵书先生，心系民族传统体育事业，不辞辛苦推动事业发展。

特别感谢北京市民族宗教事务委员会、北京市民族传统体育协会、北京市西城区体育局和北京市西城区冰蹴球协会等相关单位领导与工作人员，为项目发展和教材出版做出积极贡献。

特别感谢北京体育大学夏汉明、丁明山、王清泉、窦文浩等老一辈体育工作者和王蕾、吕韶钧、张丽丽等中青年民族传统体育专家，以及北京体育大学蹴球代表队历届队员，为项目发展和教材出版做出积极贡献。

感谢北京体育大学出版社各位编辑人员的辛勤付出。

最后，谨以此书深切缅怀赵书先生！